죽음은 어떻게
정치가 되는가

91년 5월투쟁과

김은국의 《순교자》로 본

정치 · 죽음 · 진실

죽음은 어떻게
정치가 되는가

강정인 지음

책세상

| 차례 |

책머리에   7

1장   정치·죽음·진실―1991년 5월투쟁을 중심으로   35

         1. 한국 현대 정치사의 정치와 죽음   37
         2. 예비적 고찰   42
           국가/정치, 폭력/죽음, 민주주의   42
           일상과 정치   50
           단순한 삶, 참된 삶, 일상적 삶   57
         3. 1991년 5월투쟁 분석―정치·죽음·진실을 중심으로   68
           강경대 타살의 정치적 의미   69
           박승희로 비롯된 젊은이들의 연이은 분신자살   80
           이른바 '김기설 유서 대필 논쟁/사건'   86
           정원식 총리서리 봉변 사건과 언론의 편파 보도   93
         4. 5월투쟁이 제기한 정치철학적 문제들   97
           권력과 진실   97
           인륜·패륜(반인륜) 공방   103
           유폐된 진실과 거부된 정의   108
         5. 진실과 정의를 위하여   117

2장   신 없는 세계에서의 진리/진실
              ―김은국의 《순교자》 분석을 중심으로   123

         1. 정치와 진리/진실 사이에서   125
         2. 《순교자》, 신 없는 세계에서 진리/진실을 묻다   131
         3. 진리/진실 그리고 현대의 곤경   139

4. 《순교자》에 나타난 정치와 초월적 진리 사이의 긴장 145

5. 정치의 상징적 활용으로서의 기만 154
    — 정치와 사실적 진실

6. 신 목사의 죽음과 그 의미 165

3장 미국의 반전 영화는 과연 '반전'적인가? 173

1. 축제에 묻힌 참상 176

2. 토끼 목숨, 사람 목숨 177

3. 반전反戰 여론의 반전反轉 180

4. 미국 반전 영화의 실상 184

5. 반전 메시지의 허구성 188

6. 미국의 반전 영화와 제국주의적 세계관 191

7. 전쟁을 지지하게 만드는 미국 반전 영화 193

8. 미국의 반전 영화를 보는 제3세계의 시각 198

9. 인식의 전환을 위하여 201

부록 1 1991년 5월투쟁(1991년 4월 26일~6월 29일) 205

부록 2 김은국의 삶과 문학 225

참고문헌 241

1.

정치와 죽음과 진리/진실은 2,400여 년 전 고대 그리스의 철학자(진리) 소크라테스가 아테네 민주정(정치)에서 유죄 판결을 받은 후 독배를 들고 죽음을 맞이했을 때부터, 곧 서양 철학의 탄생 때부터 현대에 이르기까지, 격렬한 갈등 속에서 묵직하고 긴밀한 관계를 맺어왔다.[1] 그러나 2017년 현재의 시점에 한국을 포함한 전 세계의 상황을 바라보면 정치와 죽음과 진리/진실의 관계가 훨씬 가볍고 헐거워진 느낌이 든다.[2]

먼저 정치와 진리/진실의 관계를 보면, 정치로부터 독립된 진리/진실이 정치에 긍정적으로 영향을 미칠 가능성은 점차 약화되고 있는 듯하다. 1990년대 이후 현재에 이르기까지, 컴퓨터·인터넷·스마트폰 등 정보통신 기술이 가공할 발전을 이룬데다 최근 소셜 미디어(페이스북·트위터·블로그·카카오톡 등)의 비약적인 혁

---

1 이에 대해서는 강정인,《소크라테스, 악법도 법인가?》(문학과지성사, 1994) 참조.
2 '헐거워진'이라는 표현은 2016년 2학기 서강대학교 정치외교학과 대학원의 '한국 현대 정치사상사' 세미나에서 한 학생이 91년 5월투쟁에 대한 필자의 원고를 읽고 작성한 논평으로부터 따온 것이다.

신과 광범위한 보급이 이루어지면서 진리/진실을 담은 지식과 정보의 개방적이고 자유로운 흐름이 가속화되어왔다. 나아가 이런 변화에 힘입어 직접 민주주의의 강화 등 장밋빛 민주주의 시대의 도래를 전망하는 낙관적 정치 이론들이 1980년대 이후 학계는 물론 세간을 풍미하기도 했다. 그러나 눈부시게 발전하고 있는 정보 통신 기술을 활용한 지난 30여 년간의 실험은 다른 사회적 변화들과 맞물려, 이제 이러한 낙관적 전망에 대한 회의를 강화하고 있다. 이런 회의의 단적인 징후로 2016년 말 옥스퍼드 사전이 '브렉시트brexit'(영국의 유럽연합 탈퇴)와 도널드 트럼프의 미국 대통령 당선 등을 가장 잘 설명할 수 있는 개념인 '탈진실post-truth'을 '올해의 단어'로 선정한 것을 들 수 있다. 이처럼 '객관적 사실〔진실〕보다 감정이나 개인적 신념이 여론 형성에 더 큰 영향을 미치는 상황'이 도래함으로써, 이제 정치 세계에서 진리/진실의 지위는 근본적으로 위협받고 있는 듯하다.

적절한 예로, 2017년 1월 취임한 미국 대통령 트럼프가 연일 거짓말을 쏟아낸 사실을 들 수 있다. 대표적인 것이 자신의 취임식 참관 인파에 대한 거짓말이다. 트럼프는 자신의 취임식 참관 인파가 오바마 취임 때보다 적었다는 언론 보도를 비판하며 "100만 명이나 150만 명은 왔다"고 주장했다. 그 후 백악관 대변인 숀 스파이서는 백악관 브리핑룸 첫 기자회견에서 트럼프 취임식 참관객이 "역대 어느 경우보다 많았다"며 트럼프의 주장을 옹호했다. 이에 대해 나중에 언론이 거짓말이라고 재차 비판하자 백악관 선임

고문인 캘리앤 콘웨이는 "대변인은 대안 사실을 제공한 것"이라고 얼버무렸다.[3] 최근 한 국내 일간지의 칼럼에서 윤평중 한신대 교수는 2017년 초 탄핵 정국에서 촛불 진영과 (탄핵에 반대하는) '맞불 진영'의 대결을 지켜보면서 느끼게 된, 탈진실이 한국 민주주의를 위협하고 있다는 우려를 표명했다. 정보통신 기술의 발전으로 가능해진 소셜 미디어 시대에 "누구나 뉴스(를) 만들 수 있는 자유가 오히려 진실을 보는 눈(을) 가리고 민의(를) 왜곡할 위험(을) 키우는 역설"을 초래하고 있다고 경고한 것이다.[4]

그런데 '탈진실' 또는 '대안 사실'이라는 개념에 걸맞은 현상이 과거에 없었던 것은 아니다. 우리가 흔히 접하는 '평정平定'이라는 말을 통해서도 이를 확인할 수 있다. 미국의 반전 영화를 다루는 3장에서도 잠시 언급하겠지만, 군부대가 나름 평화롭던 마을에 침입해 무고한 민간인을 무자비하게 집단 학살한 후에 이를 평온을 회복하는 행위인 '평정'이라는 말로 표현(보고)하는 경우, 무자비한 폭력 행사가 '평정'이라는 탈진실 또는 대안 사실로 포장되는 셈이다. 또한 91년 5월투쟁을 분석하는 1장에서 자세히 다루게 되겠지만, 91년 5월투쟁 과정에서 '일어난' 강기훈 유서 대필 (조작)

---

3 〈박영환의 워싱턴 리포트 : 거짓을 "대안 사실"로 포장…트럼프 정부, '탈진실'의 민낯〉, 《경향신문》 2017년 1월 23일. http://news.khan.co.kr/kh_news/khan_art_view.html?code=970201&artid=201701231457001

4 〈윤평중 칼럼 : '포스트 트루스', 한국 민주주의를 위협하다〉,《조선일보》2017년 2월 10일. http://news.chosun.com/site/data/html_dir/2017/02/09/2017020903441.html

사건 역시 정부가 날조한 '대안 사실'(관제적 사실)을 언론과 사법 권력을 동원해 '공인된 사실'로 거의 15년 동안 확정·유통시킨 사례라 할 수 있다.[5]

그러나 탈진실과 관련해 20세기까지의 과거와 21세기 현재 사이에는 커다란 차이가 있음을 주목할 필요가 있다. 과거에는 탈진실, 대안 사실(관제 사실), 가짜 뉴스, 탈사실화 등이 주로 뉴스를 독점적으로 생산하고 유포하는 국가·기업·언론 등 위로부터의 주도하에 이루어졌다면, 누구나 소셜 미디어를 활용해 뉴스를 만들고 광범위하게 유포할 수 있게 된 현재에는 대중이 탈진실을 생산하고 유통시키는 주체로 적극 참여하게 된 것이다.

미국의 정치철학자 한나 아렌트Hannah Arendt 역시 일찍이 1960년대에 발표한 논문 〈진리/진실과 정치Truth and Politics〉에서, 대중민주주의 시대에 언론과 정보기관이 활용한 선전·선동 기술을 통해 사실이 파괴되어가는 현상을 '탈사실화defactualization'라는 개념으로 설명한 바 있다. 아울러 미셸 푸코Michel P. Foucault는 권력과 지식의 결탁 관계를 파헤쳤다. 말하자면 우리가 흔히 생각하는 것처럼 독자적인 지식(진리/진실)이 권력에 대립하고 저항하는 것이

---

5 '진실·화해를 위한 과거사 정리위원회'(진실화해위)는 새로운 필적 자료를 발견해 감정을 의뢰한 결과 2007년 11월 강기훈이 김기설의 유서를 대신 쓰지 않았다는 결론을 내리고 법원에 재심을 권고했다. 사건은 2008년 재심에 회부되었고, 2015년이 되어서야 강기훈은 최종적으로 대법원에서 무죄 판결을 받았다. 과거사 정리에 대한 이명박-박근혜 정부의 완강한 저항을 엿볼 수 있는 대목이다.

아니라 오히려 지식이 권력에 의해 생산되는 현실을 예리하게 포착한 것이다. 근대 초에 영국의 철학자 베이컨Francis Bacon이 "아는 것(지식)knowledge이 힘power이다"라는 명제로 계몽주의의 낙관적 신념을 천명했다면, 20세기 후반에 푸코는 "권력이 지식이다"라는 역逆명제를 통해 탈근대 시대의 회의적이고 비관적인 통찰을 피력한 셈이었다.

　정치와 죽음의 관계도, 필자가 91년 5월투쟁을 관찰·분석했던 때와 비교하면 지난 26년 동안 엄청나게 헐거워진 느낌이다. 91년 5월투쟁 당시 강경대의 타살打殺을 계기로 젊은 학생들이 노태우 정부의 공안 통치를 규탄하고 민주화를 부르짖으면서 연달아 분신을 감행했다. 그러자 일부 지식인과 종교인은 '자살특공대', '죽음을 선동하는 어둠의 세력' 같은 표현을 써가며 이들의 분신을 맹비난했다. 그렇지만 당시만 해도 오늘날과는 다르게 언론은 물론이고 대다수 국민도 그러한 분신과 죽음에 굉장한 중압감을 느꼈다. 이 점은 당시 주요 일간지들이 연일 분신 관련 기사로 도배되었다는 사실에서도 여실히 확인된다. 일부 지식인들의 공개적인 비난도 실은 그 중압감에 대한 반작용이었다고 풀이할 수 있다. 1987년 6월항쟁으로 분출되었던 민주화의 염원이 좌절된 것, 곧 '못다 한 민주화'로 인한 절망과 기필코 민주화를 성취해야 한다는 열망이 복합되어 폭발적으로 타오른 분신자살의 의미를 한국 사회는 그만큼 강렬하게 받아들였던 것이다. 이 점은 91년 5월투쟁 기간 동안 전국에서 노태우 정부의 퇴진을 요구하는 반정부 시위에 참가한 인원이 1987년 6월항쟁 이후 최대에 달했다는 사실에 의해 증명된다. 이 기록은 2016년 10월 말부터 시작된 박근혜 대통령 퇴진/탄핵을 요구하는 촛불 집회에 의해 25년 만에 비로소 경신되었지만 말이다.

그 후 민주화의 더 많은 진전을 열망하는 국민의 지지를 등에 업고 김대중-노무현 개혁 세력이 보수 세력을 밀어내고 집권했지만, 김대중 정부와 노무현 정부 역시 사회 전반에 똬리를 틀고 있던 반민주적 구조와 적폐를 청산하지 못했음은 물론, 미숙한 정국 운영과 실정失政으로 민주주의에 대한 국민의 기대를 충족시키는 데 실패했다. 두 정부의 좌절에 보수·극우 세력의 격렬한 정치적 반발과 방해가 일조했음은 물론이다. 그렇다 하더라도 개혁적 민주정부의 실패와 좌절이 민주주의를 적극 열망하고 지지하던 국민들에게 민주주의에 대한 실망과 정치 일반에 대한 환멸을 초래한 것은 어쩌면 당연한 일이었다. 이처럼 성숙한 민주주의에 대한 현실적 전망이 불투명한 상황에서, 민주주의('더 많은 민주화')를 위한 투쟁에 목숨까지 걸었던 과거의 신념은 강한 회의에 직면하지 않을 수 없었을 것이다. 나아가 정치의 민주화를 뒷받침해야 할 사회 전반의 민주화가 지지부진한 상황에서 불평등한 사회 구조에 대한 항의로 노동자·농민 등 사회적 약자들이 시도한 자살은, 과거 권위주의 정권에서와 마찬가지로, 정권 차원의 해결을 떠난 단순한 '사회적 죽음'으로 치부되기 십상이었다.

그러나 자살이 아니라 타살(정부의 '부작위'에 의한 죽음 포함)인 경우에는 여전히 무게감이 큰 것처럼 보인다. 2017년 3월 박근혜 정부가 붕괴한 직접적 원인은 박근혜-최순실 게이트였다. 그러나 그 이전에, 세월호 사고와 메르스 발생 같은 재난에 대한 부실 대응이나 시위대에 대한 과잉 진압 등으로 정부가 진작부터 국민의 분노를 키우고 있었다고 볼 수 있다. 동서고금을 막론하고 국가의 기본적인 임무는 국민의 생명을 온전히 지키고 국민에게 최소한의 삶을 보장해주는 것이기 때문이다.

세월호 참사 외에도 국가가 기본적 임무를 이행하지 않아 다수 국민의 분노를 촉발한 최근의 사례로 경찰의 과잉 시위 진압에 따른 백남기 농민의 사망 사건을 들 수 있다. 그는 2015년 11월 '민중총궐기' 시위에서 경찰의 살수 대포를 맞고 혼수상태에 빠졌다가 2016년 9월에 사망했다. 11월에 명동성당에서 봉헌된 그의 장례 미사에서 김희중 대주교가 한 감동적인 강론은 이 책의 주제인 정치(국가)와 죽음을 둘러싼 근본적인 갈등이 이른바 '민주화' 이후에도 여전히 이 땅에서 지속되고 있음을 보여준다. 당시 《경향신문》은 다음과 같이 김희중 대주교의 강론을 인용했다.

천주교 광주대교구장 김희중 대주교가 "임마누엘 형제가 우리 곁을 떠났다기보다 이 땅의 민주화와 농촌 현실에 무관심한 우리가 떠밀어 떠나보낸 것이 아닌가 생각한다"며 "이런 현실에 대해 부끄러움을 느낄 수밖에 없다"고 말했다. 이어 김 대주교는 "우리 먹거리에 대한 정당한 대가를 바라는 고인의 외침이 살수 대포에 의해 참혹하

게 죽어야 할 정도로 부당한 요구였냐"며 "국민의 생명과 재산을 최우
선으로 보호해야 할 국가가 이렇게 해도 되느냐"고 했다.

김 대주교는 정부가 대다수 고통 받는 이들의 목소리를 경청해야
한다며 노벨문학상 수상자 밥 딜런의 〈블로잉 인 더 윈드Blowin' in the
Wind〉의 노랫말을 인용하기도 했다. "얼마나 자주 하늘을 올려다봐
야 사람은 진정 하늘을 볼 수 있을까. 얼마나 많은 귀를 가져야 타인
의 울음소리를 들을 수 있을까. 얼마나 더 많은 사람이 희생돼야 죽
음을 알게 될까. 친구여, 그것은 바람만이 알 수 있다네."[6]

그러나 백남기 농민의 죽음에 전 국민의 관심이 집중된 것은 여
러 변수들이 한데 어우러져 빚어낸, 오히려 예외적인 경우였다고
할 수 있다. 1987년 민주화 이후 30년이 경과했지만, (민주화가 일거
에 달성되는 것이 아니라 점진적으로 이루어지는 것이라는 점을 전제하
더라도) 특히 박근혜 전 대통령의 국정 전횡에서 적나라하게 드러
난 것처럼, 이명박-박근혜 보수 정권 10년 동안 민주주의는 후퇴
하고 사회의 구조적 부정의는 더욱 심화되었다. 이와 더불어 민주
화를 위한, 또는 사회의 불의에 항의하기 위한 산발적 저항과 죽음
이 무위에 그치게 됨에 따라, 1991년에 비해 정치와 죽음의 관계가
헐거워지고 정치적 죽음이 갖는 무게가 가벼워지기 시작했다. 물

---

6 〈고 백남기 농민 장례미사 명동성당서 봉헌…"얼마나 더 많은 사람이 희생돼야 죽음을
알게 될까"〉,《경향신문》2016년 11월 5일. http://news.khan.co.kr/kh_news/khan_art_view.
html?artid=201611051133001&code=940100. 강조는 필자.

론 이러한 상황이 단기적인 정치 사회적 상황에서만 비롯된 것은 아니다. 그것은 민주화 이후에도 한국 사회에서 지속적으로 진행된 산업 사회의 고도화, 첨단 정보통신 기술에 의해 선도되고 가속화된 지구화와 정보화 등 거시적이고 구조적인 원인은 물론, 공동체와 가족의 해체, 개인의 원자화·무기력증·고립·소외 등을 수반하는 대중 사회의 급속한 도래를 초래한 전반적인 근대화 및 탈근대화와도 긴밀한 관계가 있다. 그리고 그러한 상황은 2008년 미국발 경제 위기의 전 지구적 확산 등을 통해 더욱 악화되었다.

이러한 상황에서 이제 우리 국민의 상당수는 예외적인 재난이나 사고의 발생과 상관없이 일상적으로 기본적인 생존을 위협받고 있다. 신자유주의 시대를 특징짓는 일상화된 실업, 비정규직과 정리해고의 보편화, 실효성 있는 복지 제도의 미비, 청년 빈곤, 노인 빈곤 등으로 인해 사회적 취약 계층의 삶이 절망적인 상황에 처하게 된 것은 비단 어제오늘의 일이 아니다. 심지어 취업을 준비하는 청소년들까지도 견디기 어려운 노동 환경 때문에 자살을 선택하는 무자비한 상황에 내몰리고 있다. 전주에서 특성화고등학교에 다니며 통신사 고객센터에서 현장 실습을 하던 홍 아무개 양이 전화 건수를 채우지 못하는 등 실적 압박으로 스트레스를 받다가 2017년 1월 저수지에 뛰어들어 자살한 일은 가히 충격적이다. 그의 죽음을 추모하는 문화제에는 같은 고객센터에서 일하다가 홍 양에 앞서 2014년에 자살한 이 아무개 씨의 아버지도 참석했다. 홍 양의 아버지는 "딸을 지켜주지 못한 못난 아버지로서 부탁

드린다. 우리 딸처럼 비극적인 선택을 하는 학생들이 더 이상 없는 세상을 만들도록 해달라"라고 당부했다. 이 아무개 씨의 아버지도 "제발 아들의 죽음이 헛되지 않도록 도와달라"라고 호소했다.[7]

안타깝게도 이런 호소는 그리 낯설지 않다. 1장에서 다시 언급하겠지만, 1970년에 청계천 평화시장 노동자였던 전태일이 가혹한 노동 조건에 항의해 분신자살을 결행하면서 던진 마지막 절규도 "내 죽음을 헛되이 하지 말라!"였기 때문이다. 그때에 비해 노동 환경이 나아졌다고는 하나, 그로부터 거의 50년이 지난 오늘날에도 여전히 우리 사회는 '또 다른 전태일'들을 죽음으로 내몰고 있는 것이다. 그러나 이러한 죽음을 사실상 방조해놓고도 기업과 정부는 팔짱만 끼고 '나 몰라라' 하고 있다. 또 일반 국민들 역시 그들의 죽음에 잠시 숙연한 표정으로 추모의 뜻을 표하다가 다시금 체념과 무관심의 늪으로 빠져드는 듯하다.

2017년 1월 초에는 촛불 집회가 열리던 광화문 인근에서 정원 스님이 박근혜 대통령 퇴진과 민중의 승리를 염원하면서 소신공양燒身供養(부처에게 몸을 바치기 위해 자신의 몸을 불사르는 것)을 했다. 이에 대해 야당 정치인 등 적지 않은 인사들이 트위터에서 추모의 뜻을 표했지만 그의 분신은 세간의 주목을 끌지 못했고, 탄핵을 반대하는 진영에서는 "전업 데모꾼", "북의 고정간첩", "생쇼를

---

7 〈"이젠 마음 편히 살거라"…콜센터 현장실습하다 시신으로 발견된 딸에게 보낸 엄마의 엽서〉,《조선일보》2017년 3월 18일.

하네요" 등 이를 비아냥거리는 댓글이 줄을 이었다. 그런가 하면 1월 말에는 박사모 60대 회원이 "탄핵 가결 헌재 무효"라는 구호가 적힌 태극기를 들고 아파트에서 투신자살을 했는데, 이른바 '태극기 집회' 주최 측은 깊은 애도를 표한 반면에 반대 측에서는 사회관계망 서비스SNS를 통해 "쓰레기 한 명 줄었다. 투신자살 독려해라"와 같은 극언을 퍼붓기도 했다. 바야흐로 개인이 스스로 목숨을 끊는 극단적인 행위에 대해서도 진영 논리가 작용해 진영 간에 서로 조롱과 극언으로 대응하는 형국이다.

물론 91년 5월투쟁 때의 상황과 박근혜 대통령 탄핵에 대한 국민들의 찬반 의견이 격렬하게 대립한 2016~2017년의 상황은 다르다. 1991년에는 사적인 표현 기제를 활용해 자신의 의견을 공개적으로 표현하고 확산시키는 사회관계망 서비스가 존재하지 않았기 때문에 일부 사람들이 학생들의 연이은 분신에 대해 품었을 법한 반감이 공개적으로 유포·확산될 수 없었다. 또한 민주화 이후 지난 30년 동안 보수와 진보의 이념적 대립이 한층 더 격렬해졌다는 점도 1991년과 2016~2017년의 차이를 만드는 데 일조했다.

이처럼 우리는 민주화 이후 지난 30년 동안 한국 정치에서 진리/진실은 물론 (타살이든 자살이든) 죽음 또한 무력화되고 헐거워지는 현상을 목격해왔다.[8] 한편, 서구 사회에서는 탈진실 시대의

---

8 이러한 전반적 서술을 통해 필자가 김대중-노무현 개혁 정부에서 진행된 이른바 과거 청산(또는 과거사 정리)의 시도와 성과가 정치·죽음·진리/진실과 관련해 현대 한국 정치사에서 보기 드물게 전향적이고 의미 있는 성취였음을 부정하는 것은 아니다. 그러나 이러

도래와 더불어 '정치의 실종'을 진단하는 주장이 힘을 얻고 있다. 신자유주의 시대에 들어와 중산층이 급감하고 사회적 양극화가 심화됨에 따라 대중의 분노와 좌절이 폭발적으로 증가하게 되었는데, 일부 극우 정치인들이 늘어나는 난민, 이민자, 소수 민족 등을 이러한 사태의 원인 제공자로 지목하고, 나아가 이들을 대중의 화풀이 대상으로 삼는 대중 선동형 정치를 주도하면서 인기를 누리고 있다. 미국 대통령 트럼프처럼 이런 대중 선동형 정치인들은 탈진실을 활용해 국민을 선동하고 탈진실을 사회관계망 서비스를 통해 유포하고 확산시킴으로써 권력을 장악하기도 한다.

이처럼 민주주의의 형식은 유지되지만 갈등을 해결하는 정치 본연의 기능은 사라지고 단지 분노를 자극하는 선동이 정치판을 장악하는 현상을 목격하면서 스페인 정치철학자 다니엘 이네라리티Daniel Innerarity는《분노 시대의 정치》에서, 우리 시대가 "탈정치 시대"에 들어섰으며 "정치 없는 민주주의 시대가 도래했다"고 주장한 바 있다.[9] 이와 달리 2016년 10월 말 이후 박근혜 대통령 퇴진을 요구하면서 점화된 한국의 촛불 집회는 급기야 헌법재판소에 의한 대통령 파면을 이끌어내면서 한국 민주주의의 내구성과

한 시도는 이명박-박근혜 보수 정부에서 철저하게 무력화되고 말았다.
9 〈21세기에 거친 선동가형 지도자가 득세하는 4가지 이유〉,《매일경제》2016년 11월 22일. http://news.mk.co.kr/newsRead.php?no=809837&year=2016. 필자는 이 신문기사를 통해 이네라리티의 주장을 접한 후 그의 책을 읽어보려고 국내 대학 도서관들은 물론 아마존에서도 검색을 해봤지만 스페인어 원본밖에 찾을 수 없었다.

건강함을 보여주었기에 한국 사회에서 '정치 없는 민주주의' 또는 '탈정치 시대'를 운운하기는 아직 어렵다 할 수 있다. 그러나 탄핵 반대를 주장하면서 운집한 맞불 집회('태극기 집회')가 건강한 민주주의를 위협하는 한국판 '탈진실 정치' 또는 '탈정치 시대'를 보여주는 것이었음을 부정하기는 어려울 것이다.

이러한 여러 상황을 종합해볼 때, 21세기에 들어와 탈근대적 경향이 전 세계적으로 강화됨에 따라 정치·죽음·진리/진실 각각은 물론 이들의 상호 관계 역시 가벼워지고 헐거워지고 있다는 느낌을 떨칠 수 없다. 마르크스와 엥겔스는 서구 산업 자본주의와 제국주의가 비약적으로 발전하고 확장되던 1848년에 발표한 〈공산당 선언〉에서 "모든 견고한 것은 공기 속에 녹아 없어진다"라는 유명한 말을 남겼다. 이는 마르크스가 살던 근대 초보다는 탈근대에 들어선 21세기 초에 더 맞아떨어지는 말처럼 느껴진다.

그런데 우리는 문재인 대통령의 취임과 더불어 한국에서 정치와 죽음과 진리/진실이 탄탄하게 재결집하는 현상을 목격하게 되었으니, 이는 무척이나 이례적이고 다행스러운 일이다.[10] 2017년 5월 9일 19대 대통령 선거에서 당선된 문재인 대통령이 5·18민주화운동 37주년 기념식에서 한 감동적인 기념사는 이 책의 주제인 정치와 죽음과 진리/진실을 새롭게 불러내는 것이었다. 문 대통령

---

10 이러한 현상은 아마도 근대성과 탈근대성이 비동시적으로 착종하고 있는 한국 현실에서 비롯되는 것인가? '비동시성의 동시성'에 관한 깊이 있는 논의는 강정인 2014, 77~117·310~325쪽 참조.

은 평범한 광주 시민들의 희생에 대해 그들은 "인권과 자유를 억압받지 않는 평범한 일상을 지키기 위해 목숨"을 바쳤다고 말하면서 '단순한 삶'과 '참된 삶'의 합일, 정치와 죽음의 견고한 결속을 강조했다. 이어서 "오랜 시간 은폐되고 왜곡되고 탄압"받은 "광주의 진실을 알리는 일"이 민주화 운동의 핵심이었다고 규정하면서, 1980년대에 전남대생 박관현을 비롯해 수많은 젊은이들이 "5월 영령의 넋을 위로"하기 위해, 또는 "책임자 처벌과 진상 규명을 촉구하기 위해" 목숨을 던졌음을 상기시켰다. 나아가 "새 정부는 5 · 18민주화운동의 진상을 규명하는 데 더욱 큰 노력을 기울일 것"이며 "5 · 18 정신을 헌법 전문"에 담아 "광주 정신을 헌법으로 계승하는 진정한 민주공화국 시대"를 열겠다고 선언했다. 마지막으로, "5월 광주"가 2016년에 "위대한 촛불 혁명으로 부활"했다고 선언함으로써 5 · 18민주화운동의 역사적 · 정치적 의미를 한껏 부각했다. 기념사에서의 이러한 발언을 통해 문 대통령은 1980년대 이후 한국의 민주화 운동이 정치 · 죽음 · 진리/진실의 견고한 고리를 중심으로 전개되었음을 재확인한 셈이다. 향후 한국의 민주주의에서 이러한 결합이 어떻게 전개되고 변화할 것인지 그 귀추가 주목된다.

2.

이 책은 '정치와 죽음과 진리/진실'의 상호 관계를 탐색하는 것을 주제로 한다. 좀 더 구체적으로 말하면, 이 책은 필자의 기존 논문 세 편을 엮어 '1991년 5월투쟁'(이하 '91년 5월투쟁')이라는 구체적 사건, 《순교자*The Martyred*》라는 소설, 몇 편의 미국 '반전 영화'를 중심으로 정치와 죽음과 진리/진실을 논한다.

1장에 해당하는 〈정치·죽음·진실―1991년 5월투쟁을 중심으로〉는 노태우 정권 때 일어난 91년 5월투쟁을 구성하는 일련의 중요한 사건들―'강경대 타살打殺', '박승희의 분신과 뒤이은 청년들의 잇단 분신', 이른바 '김기설 (또는 강기훈) 유서 대필 논쟁/사건', '정원식 총리서리 봉변 사건과 언론의 편파 보도'―에 초점을 맞추어 그것들을 정치와 죽음과 진실이라는 관점에서 분석·조명한 논문이다.

그리고 2장에 해당하는 〈정치와 진리/진실 그리고 죽음―김은국의 《순교자》 분석을 중심으로〉는 한국계 미국인 작가인 김은국 Richard E. Kim의 소설 《순교자》의 핵심 주제, 곧 '6·25전쟁 발발 당시 평양에서 북한 공산당에 의해 처형된 12인의 목사를 과연 순교자로 볼 수 있는가'를 '정치와 진리/진실과 죽음'이라는 핵심 개념들을 중심으로 검토한 논문이다. 여기서는 진리/진실이 처한 현대적 곤경을 간략히 논한 뒤, 이에 기초해서 《순교자》를 중심으로 정치와 초월적(종교적) 진리 사이의 긴장과 갈등, 정치의 상징적 활용으로서의 기만—정치와 사실적 진실(기만) 사이의 관계—, 그리고 소설의 주인공인 신 목사의 죽음이 정치와 진리/진실의 갈등에 관해 던지는 의미를 검토한다.

마지막으로 3장에 해당하는 〈미국의 반전 영화는 과연 '반전'적인가?—제1차 미국-이라크 전쟁을 계기로 다시 살펴본 미국의 반전 영화〉는 미국의 베트남전 개입과 참담한 패배 이후 이에 대한 반성의 시각에서 1970~1980년대에 제작된 미국의 반전 영화들이 과연 '반전'적인지를 비판적으로 검토한 논문이다. 이 논문은 정치·죽음·진리/진실이라는 개념들을 직접 논하지는 않지만, 전쟁이라는 극단적인 정치적 행위가 고도의 폭력을 수반한다는 점에서 죽음이라는 문제를 함축하고 있고, 또 전쟁에 나간 병사들이 '무엇을 위해 목숨을 바치는 것인가', '정치 공동체와 연관해 삶과 죽음의 참된 의미는 무엇인가' 하는 문제의식에 필연적으로 직면하게 된다는 점에서 정치와 진리/진실이라는 문제를 함축하고 있다.

이 논문들은 과거에 다른 지면에 발표되었던 것들로, 새롭게 다듬고 증보하는 과정을 거쳐 이 책에 수록되었다. 이 논문들이 처음 발표된 지면은 다음과 같다.

① 〈정치·죽음·진실 : 1991년 5월투쟁을 중심으로〉,《한국정치학회보》36:3(2002), 7~25쪽.

② 〈정치·죽음·진실 : 1991년 5월투쟁을 중심으로〉,《계간 사상》14:4(2002), 160~217쪽.

③ 〈정치와 진리/진실 : 김은국의 《순교자》 분석을 중심으로〉,
《계간 사상》 11:4(1999), 253~304쪽.

④ 〈미국의 '반전' 영화는 과연 반전적인가?〉,《사회평론》 창간
호(1991), 274~288쪽.

①과 ②는 모두 91년 5월투쟁을 동일한 주제로 분석한 글인데,
애초에 300매 정도 되는 방대한 분량으로 논문을 썼다가 부득이
이를 압축해 먼저 《한국정치학회보》에 발표하고 이후에 원래의
긴 원고를 일반교양 학술지인 《계간 사상》에 발표하면서 같은 제
목의 두 가지 논문이 존재하게 되었다.

이 논문들은 모두 오래전에 집필된 것들이어서, 이 책에 수록하
는 과정에서 적지 않은 수정이 필요했다. 필자는 주제의 일관성
을 유지하면서 현재 시점에 맞게 시제를 적절히 조율했고, 필요
에 따라 새로운 내용을 일부 추가하기도 했으며, 전체적으로 원
고를 가지런히 다듬으려고 노력했다. 논문들을 재수록하기 위해
서는 이 논문들을 처음 발표했던 학술지로부터 '전재轉載'에 대한
동의를 구해야 하는데,《한국정치학회보》 외의 나머지 두 잡지는
폐간되어 《한국정치학회보》에만 동의를 구했다. 명시적 동의 여
부를 떠나 이 논문들을 처음 실어주었던 모든 학술지에 감사를 표
한다.

3.

　세 편의 논문은 필자의 학문 역정과 깊은 관련이 있다는 점에서 학술적이지만, 동시에 자전적이라고도 할 수 있다. 학술적인 면은 논문 자체에서 직접 드러날 것이고, 평가받을 것이다. 따라서 여기서는 자전적인 면에 대해서만 부연하고자 하며, 이를 통해 필자의 학문적 삶을 돌아보는 한편 독자의 이해를 돕고자 한다.

　이들 논문과 관련된 필자의 자전적인 면을 살펴보자면, 김은국의 《순교자》와 관련된 두 번째 논문을 가장 먼저 언급해야 할 것 같다. 필자는 고등학교 시절에 영어 학습의 일환으로 《순교자》를 읽었는데, 당시 이 소설의 주제와 줄거리에 심대한 충격을 받았다. 나중에는 김은국의 《잃어버린 이름*Lost Names*》도 읽었다. 그런데 공교롭게도 훗날 미국에서 유학할 때 《순교자》를 다시 접하게 되었다. 1983년 봄 학기에 버클리 대학교 대학원 정치학과에서 노먼 제이콥슨Norman Jacobson 교수의 '정치와 문학'이라는 세미나를 수강하면서 《순교자》를 분석하는 논문을 집필했던 것이다. 그 세미나는 정치학과 문학의 고전들을 통해서 '정치와 진리/진실Politics and Truth'을 조명하는 것이었고, 《소크라테스의 최후》, 《군주론》, 〈대심판관〉[11], 알베르 카뮈의 여러 작품들, 조지 오웰의 평론과 소

11　도스토옙스키의 대작 《카라마조프 가의 형제들》에는 형 이반이 동생 알로샤(주인공)에게 들려주는 기독교의 진리/진실에 대한 우화적인 이야기가 등장하는데 이 이야기에 "대심판관"이라는 제목이 붙어 있다. 미국에서는 이 부분만을 따로 출간한 소책자 《대심판

설들, 한나 아렌트의 유명한 논문인 〈진리/진실과 정치〉 등을 다루었다. 이 세미나의 기말 논문으로 《순교자》를 '정치와 진리/진실'이라는 주제로 분석하는 글을 제출했던 것이다. 기말 논문을 작성하고 어느 정도 시간이 흐른 후, 아직 미국 체재 중이던 필자는 훗날 출간할 수 있기를 희망하면서 이 논문을 두 배 정도의 분량으로 수정·증보했다. 그리고 작가의 논평을 직접 듣고 싶어서 당시 매사추세츠에 있던 김은국에게 논문을 보냈지만 회신은 받지 못했다.

필자는 2004년에 버클리 대학을 다시 방문해 은사 제이콥슨 교수를 다시 만나는 기쁨을 누렸는데, 그분은 얼마 지나지 않아 2007년에 타계했다. 제이콥슨 교수는 1960년대에 버클리 대학을 중심으로 전개된 자유언론운동Free Speech Movement을 주도적으로 이끈 인물이었고, 동시에 훌륭한 선생으로서 강의를 통해 많은 학생들을 감화시켰다. 그분은 서투른 영어로 표현된 나의 유치한 생각도 자상한 아버지처럼 무한한 인내심을 가지고 들어주었다. 이제 필자에게 이 논문은 고 제이콥슨 교수의 학문적 은덕을 기린다는 의미를 지니게 되었다.

첫 번째 논문에서 다룬 91년 5월투쟁은 필자가 1989년 서강대학교에 부임한 지 2년 만에 겪은 최대의 정치적 사건이었다. 당시의 사회 분위기는 전반적으로 암울했다. 많은 국민들이 깊은 좌절

관 *The Grand Inquisitor*》이 교재로 사용되기도 한다.

감과 허탈감에 빠져 있었다. 1987년 6월항쟁으로 절정에 이르렀던 민주화 열망이 같은 해 12월에 치러진 대선을 기점으로 무참하게 꺾여버린 탓이었다. 그 대선에서 유력한 야당 후보들이던 김영삼-김대중 후보의 분열로 전두환 독재 정권의 후계자인 노태우 후보가 어부지리로 당선되었던 것이다. 특히 1991년은 전해인 1990년 1월에 전격적인 3당 통합을 통해 민자당이라는 거대 여당을 출범시켜 정국의 주도권을 확보한 노태우 정보가 통일 운동, 노조 운동, 학생 운동 등 민주화 세력을 탄압하면서 공안 정국을 강화하던 시기였다.

이런 상황에서 4월 26일에 명지대 1학년생 강경대가 시위 도중 백골단의 쇠파이프로 무자비하게 구타당한 끝에 사망하는 사건이 발생했다. 강경대의 타살打殺 이후 이러한 시국에 대한 항의의 표시로 총 11명이 분신자살을 감행했다. 여기에다 의문사한 노조위원장과 시위 도중 강경 진압에 의해 질식사한 학생까지 합하면, 강경대의 타살은 총 13명의 사망을 불러온 것이었다. 당시, 시위에 참가한 평범한 대학생이 쇠파이프로 구타당해 죽음에 이르게 된 것을 보며 필자는 경악을 금치 못했고, 연이어 분신자살을 시도한 학생들의 '죽음'(죽음의 정치적 의미)은 필자에게 엄청난 충격을 안겨주었다. 당시 필자는 5월 7일 서강대 교수들이 시국선언문을 발표하는 과정에서 일정한 역할을 담당했고,[12] 또 교수회의 석

---

12 당시 서강대 교수 명의로 발표된 시국선언문을 하나의 역사적 기록으로서 부록 1의 말

상에서 '죽음을 선동하는 어둠의 세력이 있다'는 박홍 총장의 발언에 맞서 같은 과의 박호성 교수와 함께 격렬한 논쟁을 벌인 바 있다. 이 점에서 91년 5월투쟁은 간접적이긴 하지만 필자 역시 관여한 사건이 되었다. 언젠가 분신자살의 정치적 의미를 밝히는 글을 쓰겠다고 마음먹은 필자는 당시 5월투쟁의 전개 과정을 면밀히 추적하면서 대학원생들과 함께 신문기사를 열심히 스크랩했다. 그리고 결국, 91년 5월투쟁의 전개 과정을 '정치·죽음·진실'이라는 개념들을 중심으로 분석한 논문을 2002년에 발표하게 되었다. 필자는 5월투쟁 당시 목숨을 던져 민주화와 민중 해방을 외쳤던 젊은 영혼들을 위한 진혼곡을 작곡한다는 심정으로 그 논문을 썼다. 돌이켜 생각해보니, 유학 시절에 제이콥슨 교수의 세미나를 통해 '정치와 진리/진실'이라는 주제를 고민하면서 《순교자》를 분석하는 논문을 썼던 지적 경험이 필자로 하여금 동일한 주제와 문제의식을 가지고 91년 5월투쟁을 분석하는 글을 쓰게 한 것 같다.

마지막으로, 미국의 반전 영화를 분석한 논문은 1991년 5월 《사회평론》 창간호에 실린 것으로, 미국 부시George Bush 행정부의 주도로 결성된 다국적군이 1991년 1월 이라크 공습을 개시함으로써 발발한 제1차 미국-이라크 전쟁을 지켜보며 필자가 느낀 혼란에서 비롯되었다. 베트남 전쟁에 개입해 미국 역사상 최초로 참담한 패배를 맛본 지 불과 15년 만에 다시 대규모 전쟁을 벌이기로 한

미에 수록했다.

미국 정부의 결정에, 1970~1980년대에 제작되어 세계의 수많은 관객들에게 전쟁의 참상을 고발하고 인류애적 감동을 선사한 미국 반전 영화들의 핵심 메시지—"전쟁은 이제 그만No More War!"—가 오버랩되면서 필자는 당혹감을 금할 수 없었던 것이다.[13] 이에 필자는 연세대 정외과 김기정 교수의 도움을 얻어 그와 함께 미국의 반전 영화들을 주의 깊게 검토했고,[14] 그 결과 미국의 반전 영화나 반전 여론에 담긴 '인도주의'가 (과장해서 표현하면) '(대부분) 백인의 얼굴로 나타나는 자국(자민족) 중심적(인종주의적) 성격의 인도주의'이지, 윤리적이고 초국가(초민족)적인 의미에서의 인도주의가 아니라는 점을 발견할 수 있었다. 미국식 인도주의는 미국인의 인명 피해에 대해서는 지극히 민감하게 반응하지만, (비서구인인) 타국 인민의 인적·물적 피해에 대해서는 둔감하거나 무관심했다. 다시 말해 베트남전을 소재로 한 미국 반전 영화의 메시지는 미군이 베트남 인민들에게 입힌 피해에 대한 반성 차원의 반전, 곧 '타인의 선善'을 위한 반전이라기보다는 '우리의 피해 방지'를 위한 집단 이기주의 차원의 반전이었던 것이다. 이러한 메시지를 뒤집으면 '우리의 피해를 최소화할 수만 있다면, 상대방의 피해가 어떠

---

13 정치적 통찰력이 뛰어난 독자라면 필자의 이런 당혹감이 제국주의의 본질을 꿰뚫지 못한 어리석음의 소치라고 비웃을 법하다. 그러나 실제로 필자는 제1차 미국-이라크 전쟁이 발발한 초기에 이러한 당혹감에 휩싸였었다.

14 그간, 당시 반전 영화를 검토하는 과정에서 필자가 김기정 교수에게 받은 도움에 대해 밝힐 기회가 없었다. 25여 년이 지난 지금 비로소 이를 밝히게 되어 진심으로 기쁘고 홀가분하다.

하든 전쟁을 수행해도 좋다'는 결론이 나온다. 이러한 사고방식이 철저히 반영된 것이 제1차 미국-이라크 전쟁이었고, 여기서 거둔 승리의 여세를 몰아 미국이 주도한 제2차 미국-이라크 전쟁을 포함해 이후 미국 정부가 수행한 일련의 전쟁에도 이러한 사고방식이 고스란히 투영되었다.

필자는 미국 반전 영화에 담긴 서구(미국)중심주의가 비서구인에게 미치는 영향—한국을 포함한 비서구 세계의 관객들이 영화에 주인공으로 나온 미국의 유명 연기자들과 자신들을 일체화하면서 미국인의 입장에서 반전 영화를 감상할 때 초래되는 심각한 폐해—을 분석하는 것으로 이 논문을 마무리했다. 즉, 필자는 '한국의 많은 관객들은 미국인과 마찬가지로 가해자(미국인)의 시각에서 가해자의 피해에만 주목하고 피해자인 베트남 인민들의 고통과 피해에 대해서는 무지하거나 무관심한 채로 영화관을 나서지는 않았을까?'라는 의문을 제기했다. 다시 말해, 우리가 미국의 반전 영화를 보면서 미국 중심적(서구 중심적) 세계관 또는 제국주의적 세계관을 무의식적·무비판적으로 수용하게 된다는 점을 지적하고, 그 결과 우리가 (미국인에게는 베트남 인민과 크게 다를 바 없는) 한국인임에도 불구하고 미국 중심의 사고를 내면화하게 되고 또한 우리의 사고 속에서조차 우리가 주변화되는 현상이 발생한다는 점을 문제시한 것이다.

우리 안의 서구중심주의는 우리가 미국 반전 영화를 수용하는 데서만 드러나는 것은 아니다. 오늘날 세계에서 일상화된 테러의 문제와 관련해서도 이러한 모순된 면을 발견할 수 있다. 가까운 예로 2015년 11월 파리 시내에서 이슬람 수니파 무장 단체인 이슬람국가IS가 자행한 테러—사망자 130명 이상, 부상자 300명 이상으로 집계—에 대해 이야기해보자. 당시 프랑스 대통령은 물론 독일, 영국, 미국의 정상들도 이러한 야만적 행위를 규탄하면서 희생자에 대한 추모의 뜻을 표하고 테러 근절 및 테러리스트에 대한 보복을 다짐했다. 서구의 국제적 통신사들(Reuters, AFP, AP, UPI 등)은 테러의 참상을 겪은 프랑스인들이 울부짖고 서로 위로하는 모습을 전 세계에 생생하게 전송했고, 한국의 언론 매체들 역시 그 생생한 사진과 함께 사태를 보도함에 따라 우리는 그들의 아픔과 슬픔에 공감하고 인류애를 공유하게 되었다. 그러나 테러가 아프가니스탄·이라크·시리아·리비아·예멘·파키스탄 등 비서구 국가들에서 일어났을 경우, 그리고 그러한 나라들이 서방 연합군의 대테러 공습을 받았을 경우에는, 그로 인해 수많은 시민들이 희생당했다 해도 전 세계적인 추모의 물결이 일어나기는커녕 짧게 보도되는 것에 그친다. 그들의 희생은 단지 통계 수치 정도로만 전해질 뿐이다. 우리는 서방 국가 시민들의 희생에는 눈물을 흘리며 슬퍼하지만, 비서방 국가 시민들의 무고한 희생에 대해서는 대체로 냉담하거나 무관심한 것이다.[15]

---

15 서구중심주의에 따른 서구와 비서구에 대한 이런 차별적 태도는 일국 내에서는 백인과 여타 인종, 남성과 여성, 유산 계급과 빈곤 계급에 대한 차별적 태도로 반복된다.

반전 영화에 대한 논문을 마무리하면서 필자는 19세기 말 서구의 동아시아 침투가 본격화되었을 때 우리 선조들이 제국주의적 세계관의 일종인 중화주의적 세계관에 젖어 문명 전환기에 현명하게 대처하지 못함으로써 궁극적으로 나라를 잃고 일제의 지배 하에 놓이게 되었던 쓰라린 역사를 독자들에게 환기했다. 중화주의가 아니라 서구중심주의의 폐해를 중심으로 미국 반전 영화를 분석한 이 논문은 1990년대 후반부터 필자가 본격적으로 연구하기 시작한 서구중심주의라는 주제와 긴밀한 관련이 있다. 필자는 그 연구의 성과를 2004년에《서구중심주의를 넘어서》라는 단행본으로 출간했다. 따라서 미국 반전 영화를 다룬 이 논문은 서구중심주의에 대한 필자의 문제의식을 학문적으로 숙성시켜 형상화한 최초의 글이며, 이 점에서 필자의 학문적 이력에서 중요한 의미를 갖는다.

4.

이 책의 출간을 위해 연구비를 지원한 기관, 편집 및 출판 과정에서 도움을 준 분들, 오랜 기간 동안 필자의 연구를 격려해준 가까운 분들에게 감사의 말을 남기는 것으로 서문을 마무리하고자 한다.

제일 먼저, 6년에 걸쳐 우리 연구단의 탈脫서구중심주의 연구를 지원해준 '한국연구재단'에 감사한다. 과거에 발표했던 세 편의 논문을 이 책에 다시 싣기 위해 수정하고 증보하는 과정에서도 필자는 한국연구재단의 지원에 크게 힘입었다. 그러므로 "이 저서의 출간은 2014년 정부(교육부)의 재원으로 한국연구재단의 지원을 받아 수행된 연구 성과를 기초로 한 것이다(NRF-2014S1A3A2043763)". 또한 어려운 재정 여건에도 불구하고 제1회 '서강학술상'의 수여를 통해 필자의 연구를 격려하고 연구비를 지원해준 서강대학교에도 감사한다. 이 점에서 이 책은 부분적으로 2016년도 서강대학교 교내 연구비 지원에 힘입은 성과물이기도 하다(201610048.01).

사실 필자는 오래전에 이 책을 기획했지만, 다른 바쁜 일정으로 출간 준비에 집중할 수 없었다. 그러나 출간을 계속 미루면서도, 현재의 젊은 독자들에게는 91년 5월투쟁이나 김은국과《순교자》가 매우 낯설 것이라는 생각에서 이에 대한 개요를 담은 부록을 준비해 출판에 대비하고자 했다. 그래서 2010년경에 당시 대학원 조교였던 김현아(현재 케임브리지 대학교 박사 과정에서 정치사상 연구)에게 부록의 집필을 의뢰했고, 이에 김현아가 이 책의 부록에 해당하는 〈1991년 5월투쟁〉과 〈김은국의 삶과 문학〉을 일찍이 집필해놓았다. 그로부터 5~6년이 지나버리긴 했지만, 비로소 그가 만들어놓은 부록을 이 책에 첨부해 활용할 수 있게 되었다. 늦게나마 그의 노고가 보답을 받았다고 생각하니 감사하는 마음과 함께 기쁜 마음이 든다. 원고를 정리하고 다듬는 과정에서는 석사 과정 대학원생 이종원과 이석희가 많은 도움을 주었다. 특히 이종원은 전체 원고를 꼼꼼히 검토하면서 논리적으로는 물론 표현상으로도 문제가 있는 구절들을 예리하게 지적하고 바로잡아 주었다. 마지막으로 이석희가 출간 단계에서 최종 원고를 꼼꼼히 검토했다. 두 대학원생의 도움에 깊이 감사한다. 출판 시장의 어려운 여건에도 불구하고 출판을 결정하고 원고를 매만져준 책세상에도 깊이 감사한다.

정년퇴임을 얼마 앞두지 않은 상황에서 이제 필자의 학문적 여정도 공식적으로는 마무리 단계에 접어드는 것 같다. 오랫동안 필자의 연구를 지켜보며 격려해준 배영언, 송관섭 사장에게 심심한 감사를 전한다. 자주 보지는 못하지만 항상 '내 마음의 고향'처럼 남아 있는 대학 시절의 벗, 임한흠 변호사, 정인섭 교수, 심재두 변호사, 김인욱 판사의 우정에도 따뜻한 감사를 표한다. 미국 유학 시절에 처음 만나 태평양을 넘나들며 우정을 쌓아온 홍성진, 이택희 변호사 역시 필자가 행복하게 학문에 열중했던, 그러나 힘들고 외로웠던 시절의 증인이다. 마지막으로, 연구에 매달리느라 가족에게는 '부재중'으로 자신의 존재를 증명한 적이 많았던 필자로서, 남편과 아버지의 연구를 묵묵히 감당하고 격려해준 아내와 두 아들에게 미안함과 감사함을 전한다.

2017년 아름다운 5월
서강대학교 다산관 학여재에서
강정인

1장

정치 · 죽음 · 진실

1991년 5월투쟁을 중심으로

1. 한국 현대 정치사의 정치와 죽음

해방과 분단 이후 40여 년에 걸쳐 진행된 한국의 민주화 과정은 처절한 투쟁의 역사였으며, 결정적 고비에서 투쟁에 참가한 사람들의 고귀한 생명을 민주주의 제단에 바칠 것을 요구했다. 예를 들어 1960년 4·19의 결정적 도화선이 3·15 부정선거를 규탄하는 시위에 참가했다가 나중에 마산 앞바다에서 시신으로 발견된 김주열의 죽음이었음은 잘 알려진 사실이다. 또한 1970년 11월 13일 평화시장의 재단사였던 전태일은 지켜지지 않는 근로기준법의 화형식을 거행하려다 경찰의 저지로 무산되자 "아무래도 누가 한 사람 죽어야 될 모양이다"라는 말과 함께 자기 몸에 휘발유를 끼얹고 불을 붙여 분신자살을 결행했다. 불길 속에서 그가 남긴 "근로기준법을 준수하라!", "우리는 기계가 아니다!", "노동자들을 혹사하지 말라!", 그리고 마지막으로 "내 죽음을 헛되이 하지 말라!"라는 피맺힌 절규는 두고두고 한국 노동 운동사에 울려 퍼지게 될 것이었다(전태일기념관건립위원회 1983, 227~228쪽). 아울러 전태일이 택한 자살이라는 행위는 이후 20여 년 동안의 민주화 투쟁 과정에서 폭압 정권에 저항하는 가장 필사적이고 강렬한 수단으로 활용될 것이었다. 군부 정권의 혹독한 탄압과 대중의 무기력한 침묵이 지속되는 상황에서, 선구적 노동 운동가들은 노동 운동에 동참할 것을 무기력한 동료 노동자들에게 호소하기 위해, 학생과 시민들은 민주화 투쟁에 동참할 것을 무관심한 대중들에게 호소하기 위해 가장 극렬한 저항 수단인 자살에 의지했던 것이다.[1]

박정희 정권의 유신 시대 말기에는 서울대생 김상진이 민주화를 부르짖으며 양심선언문을 읽은 뒤 할복자살을 했고, 1979년 8월 YH무역 여성 노동자들의 신민당 당사 농성 사건 때 경찰 진압대가 무차별 폭행을 가하며 농성자들을 강제 해산시키는 과정에서 여공 김경숙이 추락사했다. 1980년 5월에는 전두환을 비롯한 신군부 세력이 민주화를 요구하는 광주 시민을 학살하고 정권을 탈취했으며, 이 때문에 이후 한국 현대 정치사에서 5월은 '피의 5월'을 줄곧 상징하게 되었다. 그 후에도 전두환 정권의 철권 통치하에서 분신·투신자살 등이 잇달았다(김종찬 1987). 1987년 6월항쟁 역시 부천경찰서 성고문 사건, 서울대생 박종철 고문치사 사건, 연세대생 이한열의 최루탄 타살打殺 사건 등이 기폭제가 되어 일어났음

---

1 한국 근대사에서 일제가 한국을 강제로 합병했을 때도 애국지사들의 '순절'이 잇달았었다. 박은식은 《한국통사》에서 합병 당시 순절한 사람들을 29명 정도로 확인한 바 있다. 당시에는 여러 신문들이 폐간된 상태인데다 일본 경관이 외부에 알리지 말라고 가족들을 협박했기 때문에 그러한 자살의 사례들이 잘 알려지지 않았다고 한다. 자살의 방식은 여러 가지여서, 목매어 죽은 자, 물에 빠져 죽은 자, 독약을 먹고 죽은 자, 굶어 죽은 자 등이 있었다. 하지만 대부분 유생들이었던 순절자들은 '나라가 망하고 임금도 없어졌으니 죽지 아니하면 어찌할꼬'식의 절망과 비탄 속에서 목숨을 끊은 것이지, 대중의 무관심의 벽을 깨려 하거나 일제에 대한 투쟁을 선동하려 한 것은 아니었다(이만렬 1980, 281~283쪽 참조).

을 당시의 역사가 생생하게 증언한다. 군부 정권의 안전한 철수를 위해 마지막 퇴로를 지키던 노태우 정부 아래서도 경찰의 무분별한 진압에 의한 시위 참가자의 죽음에 항의하고 정부에 반대하는 학생, 노동자, 시민의 분신·투신자살은 멈추지 않았다. 노태우 정부 때 3당 합당 이후 불어닥친 공안 정국²에 저항해 일어난 91년 5월 투쟁은 백골단에 의한 명지대생 강경대의 구타치사毆打致死(이하 '타살打殺'이나 '치사致死'로 간략히 칭함)에서 시작해 "학생, 빈민, 노동자 등 11명"의 분신자살, "한진중공업 박창수 노조위원장의 의문사와 성균관대생 김귀정의 강경 진압에 의한 질식사"에 이르기까지 모두 13인(강경대 포함 14인)의 죽음을 불러오고 전국적으로 시위 군중이 수십만에 달했던, 1990년대 최대의 민주화 투쟁이었다(김정한 2002, 46~47쪽).

이처럼 1980년의 5월 광주민주항쟁과 1991년의 5월투쟁으로 인해 한국 현대 정치사에서 5월은 만물이 약동하고 소생하는 계절

---

2 대통령 직선제 개헌이 이루어진 1987년 대선에서 집권 여당인 민주정의당의 노태우 후보가 야당의 유력 후보인 김영삼·김대중 후보의 분열을 틈타 대통령에 당선되었다. 하지만 다음해에 열린 총선에서는 김대중의 평화민주당, 김영삼의 통일민주당, 김종필의 신민주공화당 등 야당이 국회의 과반수 의석을 확보하고, 민정당은 소수당으로 몰리는 여소야대의 정국이 형성되었다. 그 후 야권이 주도한 국회에서 이루어진 5공 청문회 개최 등으로 인해 노태우 정부의 정국 운영은 궁지에 몰리게 되었다. 이러한 난국을 돌파하기 위해 노태우 정부는 1990년 1월에 민주정의당, 신민주공화당, 통일민주당의 3당 합당을 통해 거대 여당인 민주자유당을 출범시킴으로써 정국 운영의 주도권을 장악했다. 이후 일련의 반민주적 조치를 취하는 것은 물론 범죄와의 전쟁을 선포하여 사회 운동 세력에 대한 물리적 탄압을 강화했는바, 이로 인해 공안정국이 조성되었다. 이에 대해서는 1991년 5월투쟁을 간략히 소개한 '부록 1'을 참조할 것.

로서 '계절의 여왕'이라는 왕관을 쓰는 대신에 독재 정권의 폭압에 저항하며 민주화를 부르짖은 '분노의 계절'로 자리매김하게 되었다. 나아가 5월은 대학생들은 물론 일반 시민·민중들까지도 체제와 정부에 대한 불만을 분출하는 '시위와 농성의 계절'로 오랫동안 각인되었다. 또한 5월은 비탄과 냉소 속에서 '잔인한 달'을 표상하기도 했다. "당시의 악몽을 되씹고 아직도 가슴을 저미며" 살아가는 민주 투사의 유가족들에게 5월은 "가슴이 벌름거리고 숨이 턱턱 막혀 잠을 설치는 불면증"의 계절로 다가와 그들의 뇌리를 짓눌렀던 것이다(최수묵 1992, 17쪽).

1998년 김대중을 수반으로 한 '국민의 정부'가 출범한 이래 과거 군부 정권하에서 자행되었던 정치적 의문사, 인권 침해, 민간인 학살, 민주화 관련 사망자, 국가보안법·반공법 위반 사건 등과 관련해 이른바 '과거 청산'이라는 문제가 본격적으로 제기되었고, 이에 호응해 정부는 거창사건과 제주 4·3사건 관련자(사망자와 유족)들의 명예 회복을 위한 특별법, '민주화 운동 관련자 명예 회복 및 보상 등에 관한 법', '의문사 진상 규명에 관한 특별법' 등을 통과시키고 그러한 일련의 법에 상응하는 조치를 취했다. 뒤이은 노무현 정부에서도 2005년에 과거 청산에 관한 포괄적 법안인 '진실·화해를 위한 과거사정리기본법'이 국회를 통과하고 이후 '진실·화해를 위한 과거사정리위원회'(이하 '진화위')가 출범함으로써 과거 청산이 본격적·체계적으로 진행되었다.[3] 한국에서 군부 독재라는 어두운 '과거'가 저지른 가장 커다란 죄악은 근본적으로 인간 생명의 경시와 부정, 곧 '죽음'과 맞닿아 있다. 그리고 '청산'의 핵심은 이러한 인간의 죽음을 둘러싼 '진실'을 밝히고 그에 상응하는 '정의'를 실현하는 데 있다.

1987년 6월항쟁을 통해 민주화가 어느 정도 진전을 본 후에 일어난 일이라 간과되거나 종종 망각되기도 하는 91년 5월투쟁은 '강경대 타살', '박승희 분신과 뒤이은 잇단 청년들의 분신', 이른바 '김기설 유서 대필 논쟁/사건', '정원식 총리서리 봉변 사건과 언론의 편파 보도'를 통해 점화·확산·소진된 사건으로, 과거 청산과 관련된 문제의식의 일단을 강렬하게 보여준다. 이 글은 민주화 투쟁 과정에서 산화한 민주 투사들의 넋을 기리려는 노력의 일환으로 91년 5월투쟁을 '정치·죽음·진실'이라는 주제를 통해 분석하고자 한다. 먼저 분석을 위한 예비적 고찰로서 '국가/정치, 폭력/죽음, 민주주의' 간의 관계, '일상과 정치'의 관계, '단순한 삶, 참된 삶, 일상적 삶' 간의 관계를 논할 것이다. 그러고 나서 91년 5월투쟁의 전개 과정을 앞에서 언급한 핵심적 사건들을 중심으로 간략히 서술하고 그 사건들을 예비적 고찰에서 논의된 쟁점들과 연관

---

3 1장을 이루고 있는 이 논문은 2002년에 처음 발표되었으며, 따라서 애초에는 2003년에 출범한 노무현 정부에서 본격적으로 추진된 과거사 정리 관련 활동의 성과가 언급돼 있지 않았다. 노무현 정부 들어 시도된 과거사 정리를 포함한 과거 청산 작업에 대한 전체적인 검토와 평가는 김동춘 2006·2011, 김영수 2011, 이영재 2015 등을 참조할 것. 다만 이 논문을 이 책에 수록하는 과정에서 논문 집필 이후에 전개된 일련의 사태를 주제의 연장선상에서 간략히 반영하거나 기존 논지를 보강하기 위해 약간의 서술을 추가하고 논리나 표현의 허술한 부분을 다듬는 등의 수정이 있었음을 밝혀둔다.

지으면서 정치·죽음·진실이라는 주제를 중심으로 분석할 것이다. 마지막으로, 이러한 분석을 통해 제기된 정치철학적인 문제들을 '권력과 진실', '인륜·패륜 공방', '유폐된 진실과 거부된 정의'라는 소주제로 나누어 검토할 것이다.

2. 예비적 고찰

국가/정치, 폭력/죽음, 민주주의

인류 역사상 오직 정치권력만이 일관되게 폭력의 정당한 사용을 독점해왔다. 정치권력의 집중적 구현체인 국가는 수십만, 수백만의 인간을 죽음의 전쟁터로 내몰기도 했고, 이집트의 피라미드 같은 불가사의한 구조물을 건설하는 대규모 공사에 동원하기도 했다. 막스 베버Max Weber는 국가를 "일정한 영토에서 물리적 힘의 정당한 사용에 대한 독점을 주장하는 인간 공동체"라고 정의함으로써(Weber 1958, 78쪽) 이러한 맥락에서 역사적으로 진화해온 근대 국가의 정곡을 찌른 바 있다.

정치권력을 행사하는 데는 물론이고 정치권력의 기원에도 폭력과 죽음이 잠복해 있다는 사실은 인류의 원초적인 정치 경험을 담은 고대 신화나 설화에서도 상징적으로 시사된다. 예를 들어 사마천의 《사기史記》〈오제본기五帝本紀〉의 서두를 장식하는 신화에서 황제黃帝는 염제炎帝와 여러 차례 싸워 이긴 후 새로운 나라를 세웠다(사마천 1994, 7~9쪽).[4] 유가에서 말하는 성군의 대명사인 중국 순舜 임금이 즉위하자마자 단행한 중요한 조치 중 하나도 자신의 정적인 4흉四凶—곧 공공共工, 환두驩兜, 삼묘三苗, 곤鯀—을 숙청하는 것이었다(《서경書經》 우서虞書 〈순전舜典〉: 성백효 1998, 56쪽). 또한 무력으로 하夏를 멸망시키고 은殷 왕조를 개창한 탕湯 임금역시 자신이 사용한 폭력을 스스로 경계하며 "후세에 나를 구실로 삼을까 두렵다"라고 탄식했다(《서경》 상서商書 〈중훼지고仲虺之誥〉: 성백효 1998, 273쪽). 13세기에 지어진 《삼국유사三國遺事》에 기록된 단군 신화는 후대의 유교나 불교의 영향으로 인해 천지인天地人 3재三才의 조화를 강조하는 등 평화로운 모습으로 고조선의 건국을 묘사했지만, 그러한 소독과 분장에도 불구하고 남아 있는 구절들—"무리 3천을 이끌고……", "풍백風伯, 우사雨師, 운사雲師를 거느리고……"[5]—을 통해 우리는 '하늘의 아들' 환웅桓雄이 삼위태백에 신시神市를 건설하는 과정이 '천군天軍'이라는 무력에 의지해 '지상地上' 태백을 점령하는 것이었음을 추측할 수 있다. 그리고 환

---

4 조선 후기의 실학자인 다산 정약용 역시 〈탕론湯論〉에서 왕인 걸桀에 대한 제후 탕湯의 폭력 사용을 옹호하면서 중국 신화에서 신하인 헌원軒轅(후일의 황제黃帝)이 왕인 염제炎帝와 세 번 싸워 이긴 후 새로운 나라를 세웠다는 점을 상기시켰다(정약용 1992, 69쪽). 이로 미루어 다산 역시 정치 공동체의 시원에 폭력이 불가피하게 편재해 있음을 간취했다고 볼 수 있다.
5 여기서 '무리徒'는 군대이고, 풍백·우사·운사는 농경 생활을 주관하는 관직이지만 동시에 군사적 직책으로도 해석된다.

웅이 웅녀와 결혼한 것, 범의 축출 과정, 단군 '왕검王儉'이라는 명칭 역시 고조선의 건국이 무력에 의한 정복 과정이었음을 시사한다(일연 1993, 34~37쪽). 서양의 경우를 봐도, 성서 〈창세기〉의 기록에 따르면 카인은 동생 아벨을 죽인 후 도시—곧 '정치 사회'—를 건설했고, 로마의 건국 설화에 따르면 로물루스 역시 동생인 레무스를 죽이고 로마를 건설했다(마키아벨리 2003, 107~109쪽). 이점에서 우리는 동서고금을 불문하고 정치 공동체의 시원에 원형적 폭력이 꿈틀거리고 있음을 알 수 있다.

고대 그리스에서 정치 현상을 최초로 체계적으로 성찰한 플라톤의 《국가》는 죽음을 앞둔 케팔로스라는 노인이 정의를 논하는 것으로 시작해 사후死後 세계의 보상과 처벌에 관해 서술하는 에르Er의 신화로 끝난다는 점에서 자못 의미심장하다.[6] 다시 말해 《국가》는 정치 공동체에서 최상의 덕인 정의를 논하는 과정이 '죽음'을 앞둔 노인의 논의에서 시작해 죽은 다음의 세상에 대한 논의로 끝나도록 함으로써 정치(정의)와 죽음이 불가분의 표리 관계에 있음을 상징적으로 시사한다. 또한 저 유명한 (고대 그리스인들에게 사후 세계인 하데스를 연상시켰을) '동굴'의 비유가 극적으로 상징하는 것처럼, 《국가》에는 죽음의 어두운 이미지가 짙게 드리워 있다. 근대 서구에서 정치 현상의 진수로 각광 받게 된, 정치 공동체

---

6 플라톤 정치철학의 동기가 된 것이 그가 존경했던 스승인 소크라테스가 정치권력에 의해 죽임을 당했다는 사실, 곧 정치와 철학의 원초적 갈등이었다는 점 역시 잘 알려진 사실이다.

의 쇄신을 추구하는 혁명 역시 원초적 정치 현상으로서의 폭력이 정치로 복귀하는 현상을 적나라하게 보여주었는데, 프랑스대혁명과 러시아혁명이 대표적인 예일 것이다. 본래 서양에서 혁명, 즉 'revolution'은 '원래의 자리로 되돌아온다'는 의미를 띠는 말인데, 이러한 어원을 고려하면 혁명이란 원래의 자리로 되돌아오기 위해 정치의 원초적 현상인 폭력을 불가피하게 재연하는 일인 것처럼 보인다(Arendt 1965).

서구의 근대 국가 역시 폭력과 죽음의 위협이 개입된 설화를 기초로 수립되었다. 사회계약론자들의 이른바 '자연 상태'에 대한 서술이 바로 그러한 설화의 대표적 예이며, 특히 홉스는 자연 상태의 폭력성을 극적으로 서술했다. 사람들 사이에 공통의 정치권력이 없는 자연 상태는 "만인에 대한 만인의 전쟁 상태"이며, 사람들은 이러한 자연 상태에서 "지속적인 공포와 폭력적인 죽음의 위험"에 시달리며 산다(Hobbes 1962, 100쪽). 왜냐하면 자연 상태에서는 신체적으로 가장 약한 사람도 개인적 음모나 타인과의 공모를 통해 가장 강한 자를 죽이기에 충분한 힘을 가지고 있기 때문이다(Hobbes 1962, 98쪽).[7] 그렇기 때문에 개인은 자신의 생명을 보존하기 위해 사회 계약을 체결함으로써 자연권을 포기하고 주권자

---

7 이처럼 홉스가 근대인이 그렇게 존중하는 '인간의 평등'을 '폭력적 죽음에의 평등한 가능성(취약성)'이라는 차원, 곧 지적인 능력은 물론이고 신체적인 능력에서도 사람들 간의 차이가 근소하기 때문에 가장 약한 사람도 가장 강한 사람을 죽일 수 있다는 차원에서 파악했다는 것은 지극히 흥미롭다.

를 탄생시킨다. 그러나 홉스의 주권자는 계약의 당사자가 아니며, 그 때문에 계약을 통해 주권자에게 모든 권리를 양도하기로 한 개개 시민은 주권자가 자의적恣意的인 권력 행사로 자신의 생명을 위협하더라도 계약상의 책임을 물어 주권자를 몰아낼 수 없다. 즉 시민에게는 혁명권이나 저항권이 인정되지 않는다. 따라서 시민 사회 내에서 개인은 자연 상태에서와 달리 다른 개인들에 의한 침해로부터의 안전은 확보하지만, 주권자의 자의적 권력 행사에 따른 침해, 국가 권력에 의한 폭력적인 죽음으로부터는 자연 상태에서와 마찬가지로 여전히 안전하지 못하다.

로크가 말하는 자연 상태는 홉스의 자연 상태보다는 좀 더 목가적인 상태에서 시작하지만, 화폐의 도입 및 이에 따른 사유재산 불평등의 심화 때문에 인간들 사이의 갈등이 증폭되면서 궁극적으로 공통된 심판관으로서의 정부를 필요로 하게 된다. 따라서 자연 상태의 개인들은 자신의 생명·자유·재산을 보존하기 위해 사회 계약을 체결하고, 이로써 시민 사회가 성립되면 기존에 갖고 있던 자연법의 집행권을 정부에 양도하게 된다. 홉스의 사회계약론에서 주권자의 정치권력—정당한 폭력 행사를 포함하는—은 주권자 자신이 자연 상태에서 본래 가지고 있었던 것이지만, 로크의 사회계약론에서 정부의 정치권력은 개인들로부터 신탁의 형태로 양도받은 것이다. 또한 홉스의 이론에서는 폭력 사용의 권리를 개인들이 일방적으로 포기한다는 점에서, 그리고 로크의 이론에서는 개인들이 그 권리를 정부에 양도한다는 점에서, 사회 계약에 의해 수립된 정부는 결국 정당한 폭력 사용의 권리를 독점하게 되었다.

자유주의의 탄생 설화이기도 한 서구 근대의 사회계약론에서 일반 시민이 확보하고자 한 것은 평온한 일상적 삶이었다. 따라서 사회계약론은 기본적으로 자유주의적 관점에서 일상적 삶, 곧 개인의 생명·자유·재산을 보전하기 위한 것이었지 왕성한 정치 활동을 위한 비전을 담은 것이 아니었다.[8] 그러므로 홉스가 자연 상태(또는 전쟁 상태)가 초래하는 폐단의 핵심을 평온한 일상적 삶의 불가능성에서 찾은 것은 합당했다.[9]

그러한 상태〔자연 상태〕에서는 근로의 여지가 없다. 근로의 성과가 불확실하기 때문이다. 따라서 토지 경작이나 항해, 바다를 통해 수입해야 하는 상품의 사용, 편리한 건물, 움직이려면 힘이 많이 드는 물건을 운반하고 이동하는 기계, 지표地表에 관한 지식, 시간의 계산, 기예나 문예, 그리고 결사結社 같은 것이 존재하지 않는다. 무엇보다 나쁜 것은 지속적인 공포와 폭력적인 죽음의 위험이 있다는 것이며, 인간의 삶이 고독하고 빈궁하고 추잡하고 가혹하고 단명하

---

8 이 점에서 루소의 《사회계약론》은 중대한 예외이다. 우리는 루소의 《사회계약론》에서 정치적 삶이 일상적 삶의 중요한 부분을 구성하고 있는 것을 본다. 그러나 루소의 이론에서 시민들의 왕성한 정치 활동은 근대적 일상생활의 중요한 부분, 곧 상공업을 배제함으로써 얻어진 것이었다.

9 로크의 사회계약론에서는 자연 상태의 초기 단계에는 사유재산이 축적되고 화폐가 도입되는 가운데서도 평온한 일상생활이 어느 정도 가능한 것으로 상정된다. 그러나 사유재산의 극심한 불평등과 함께 도달하게 된 자연 상태의 후기 단계에서는 사람들 간의 갈등이 증폭되기 때문에 초기에는 견딜 만했던 일상생활의 불편이 극에 달하게 된다.

다는 것이다. (Hobbes 1962, 100쪽)

　서구 근대 국가의 건국 설화인 사회계약론이 결국 국가에 의한 정당한 폭력 사용의 독점을 서술한 것이라는 이상의 논의는 역사적으로 서구 근대 국가의 발전 과정에서 어렵지 않게 확인된다. 월린Sheldon Wolin에 따르면 서구에서 근대 국가는 2단계의 과정을 거쳐 발전했다. 1단계는 국가(중앙 정부)가 중세 봉건 시대에 교회·촌락·가족·영주 등의 사이에 산재해 있던 폭력의 도구 및 그 도구의 사용에 대한 독점권을 확보해가는 과정이었으며, 2단계는 국가에 의한 폭력 사용에 한계를 설정하고 그러한 폭력 사용에서 예측 불가능하고 자의적인 요소를 제거해가는 과정이었다. 이를 통해 근대 국가는 정당한 폭력 사용에 대한 독점권을 장악하게 되었고, 결국 인간의 생명을 합법적으로 박탈할 수 있는 유일한 실체로 부상하게 되었으며, 그 대신에 권력 행사에서의 일정한 한계와 규칙적인 절차 준수, 집권자의 행위에 책임을 물을 수 있는 엄격한 제도, 그러한 제도와 관련된 의무를 받아들이게 된 것이었다. 헌정주의와 관련된 일련의 제도적 장치들—법치주의, 적법 절차, 권력 분립, 견제와 균형, 인권 보장—이 그러한 제도의 대표적 예이다(Wolin 1963, 20쪽). 이렇게 볼 때 절대군주론을 제시한 보댕이나 홉스의 국가 이론은 1단계의 국가를, 로크의 제한정부론은 2단계의 국가를 표상하는 것이었다.

　2차 세계대전 이후 유일하게 정당한 정치 체제로 부상한 민주주의 역시 역사적으로 인간의 '죽음'과 흥미로운 관련이 있다.[10] 고대 아테네의 페리클레스나 미국의 링컨 같은 정치 지도자가 남긴, 민주주의를 찬양하는 역사상 유명한 연설은 공교롭게도 정치 공동체의 안위와 구성원의 목숨이 걸린 전쟁과 관련해 행해졌기 때문이다. 민주주의를 인류의 보편적 이상으로 찬양한 연설 중 역사상 가장 유명한 것은 그리스의 역사가 투키디데스의 《펠로폰네소스 전쟁》에 기록된, 아테네 정치 지도자 페리클레스가 펠로폰네소스 전쟁 개전 첫해에 전사한 아테네 병사들을 추모하기 위해서 한 연설이다. 감동적인 이 연설에서 페리클레스는 시민들의 개인 생활과 공공 생활을 절묘하게 조화시킨 아테네 민주정을 '헬라스의 학교'라고 찬양하면서, 민주적 삶에 참여할 수 있는 시민 됨이야말로 재산이나 가족보다 귀한 가치라고, 아테네 시민이 누리는 최고의 가치라고 강조했다. 곧 페리클레스 시대의 아테네에서는 시민들이 "도시국가의 구성원으로서 자신의 역할을 완수하는 것이 도시(국가)를 위한 죽음(헌신)—자아와 정치 공동체의 하나 됨의 궁극적 표현—을 통해 성취"되었던 것이다(Saxonhouse 1976, 206쪽). '인민에 의한 지배'로서의 민주주의를 찬양한 역사적으로 유명한 또 하나의 연설은 미국 대통령 링컨이 남북전쟁 당시인 1863년에 게티스버그에서 전몰장병을 추도하기 위해 한 연설로, 여기서 링컨

---

10   이 단락과 다음 단락은 강정인 1997, 70~71쪽에서 가져온 것이다. 이 서술은 뒤에 나오는 '단순한 삶', '참된 삶'의 논의와도 관련이 있다.

은 "……인민의, 인민에 의한, 인민을 위한 정부는 지구상에서 영원히 사라지지 않을 것이다"라고 말했다.

이처럼 민주주의를 찬양하는 연설이 전쟁과 관련해 나타났다는 사실은 정치와 죽음의 관련을 또 다른 측면에서 시사한다. 한 개인이 정치 공동체를 위해 목숨을 바쳐야 할 때, 그는 '공동체가 과연 자신의 목숨을 바칠 만한 가치가 있는 것인가?'라는 질문을 던지기 마련이다. 따라서 민주적 정부의 지도자들은, 그 정부가 특정 계급이나 집단이 자신들만의 이익을 위해 통치하는 정부가 아니라 모든 구성원들이 스스로 통치에 관여하는 정부이며, 따라서 구성원들이 목숨 바쳐 지킬 가치가 있는 구성원들 자신의 정부라고 역설할 필요가 있었다. 그러므로 이 정치 지도자들의 연설은 한편으로는 민주주의의 보편적 이상을 천명하고, 다른 한편으로는 전몰 병사들의 죽음을 고귀하게 만듦으로써 남은 가족을 위로하는 동시에 참전 병사들의 사기를 앙양하고자 한 것으로, 단순한 웅변술 이상의 의미를 띠고 있었다.

일상과 정치

협의의 정치는 권력의 획득·유지·변동을 둘러싼 인간의 행위를 지칭하지만 광의의 정치는 인간이 의식적·집단적으로 역사 창조에 참여함으로써 자신들의 공동의 운명을 개척하는 활동을 지칭한다.[11] 그러나 유감스럽게도, 전통적인 지배 체제는 말할 것도 없고 현대 민주주의 체제에서도 정치는, 협의로든 광의로든, 사실상 소수의 엘리트에게 독점돼 있다. 이들 엘리트는 두 가지 특권을 누린다. 첫째, 통상적 일상생활의 제약과 조건에서 상대적으로 자유롭다. 둘째, 별도의 활동이 아니라 일상적 삶의 일환으로 정치에 관여하고 역사 창조에 참여한다(Flacks 1976, 264쪽).[12] 그러나 이와 대조적으로 대부분의 보통 사람들에게는 일상적 삶과 정치적 삶(역사 창조)이 선거와 같은 상징적·의례적 행위에 참여할 때를 제외하고는 분리되어 있다.

미국의 사회학자 딕 플랙스Dick Flacks가 지적하는 것처럼, 일상생활은 생존을 위해 '불가피'하며, 가족이나 다른 친근한 사람들에 대한 '의무적'인 활동과 자아의 유지를 위해 '필수적'인 활동으로 구성되어 있다.[13] 일상생활은 자신이 잘 알고 있고 특히 애착을 느끼는 일정한 사람들과의 관계 속에서 펼쳐진다는 점에서 정치적 삶보다 '직접적'이고 '구속적'이다. 또한 일상적 삶의 대부분은 고도로 규격화되어 있고 습관화되어 있으며, 특히 가사 노동은 반복적이고 단조로운 일로 채워진다.[14] 일터에서의 일상생활은 동

---

11 광의의 정치를 '역사 창조making history'와 관련시킨 것은 플랙스Dick Flacks의 논문(Flacks 1976)에 의존한 것이다. 플랙스는 일상적 삶을 'making life'로, 정치적 삶을 'making history'로 개념화했다.

12 이하에서 전개되는 일상과 정치에 대한 필자의 논의는 플랙스의 문헌을 줄곧 언급한 데서 잘 드러나듯이 플랙스의 논의에 많은 빛을 지고 있다.

13 아렌트Hannah Arendt의 인간 행동 구분에 따르면 일상적 삶은 주로 노동labor과 작업work으로, 정치적 삶은 주로 행위action로 구성되어 있다.

14 현대 서구 자본주의 사회의 일상성을 분석한 프랑스의 사회학자 르페브르Henri Lefeb-

료나 불특정 다수의 인간을 상대로 하는 구체적이고 개별적인 이해관계를 둘러싸고 전개된다는 점에서 정치적 삶보다 '현실적'이다. 그러나 일터에서 수행되는 활동들 역시 대부분 규격화되어 있고 반복적이기 때문에, 개성의 발휘나 자아 표현을 거의 수반하지 않는다(Flacks 1976, 264쪽). 따라서 일터에서건 가정에서건 대부분의 일상적 노동은 다른 사람의 필요와 기대를 충족시키고 자신의 욕구를 지연시키거나 부정한다는 점에서 제약적이기도 하다. 현대인은 이처럼 단조로운 일상적 삶으로부터의 탈출을 희구하기도 하지만, 다른 한편 그 탈출이 장기화되면 불안과 두려움을 느낀다. 그러나 일상적 삶이 항상 자기표현, 자기만족, 개체성의 표현을 억압하는 것은 아니다. 일상적 세계에서도 일정한 활동—예를 들어 종교 활동, 예술 활동, 축제, 여가 활동, 취미 활동, 스포츠 활동 등—이 특별한 활동으로서, 해방으로서, 탈출로서, 심미적인 체험으로서 수행되기 때문이다(Flacks 1976, 265쪽).

물론 사람들이 정치 참여를 포기하고 일상생활에 몰두하는 것이 그 자체로 비합리적이거나 불명예스러운 일은 아니다. 개별 시민에게 일상적 활동은 자신의 관심과 애정을 필요로 하는 이들에게 즉각적으로 영향을 미치는 영역이고, 자신의 지식이 직접 검증되는 영역이며, 활동에 따른 결과가 쉽게 예측되고 감지되는 영역이다. 게다가 일상생활에의 헌신은 시간, 에너지, 자원 면에서 구

---

vre 역시 일상적 삶의 단조로운 순환성과 확고한 안정성을 강조한다(르페브르 1990, 35쪽).

속적이다. 따라서 대부분의 사람들에게 역사 창조의 활동은 매력적으로 비치기도 하지만, 동시에 자신의 물질적 생존 기반을 근본적으로 교란하거나 위협하고 나아가 도덕적으로 구속력 있는 인간관계를 소홀히 하게 만드는 것으로 여겨지기도 한다(Flacks 1976, 265쪽).

한편 사람들은 일상생활에 따르는 제약과 의무감으로 인해 정의와 윤리에 대한 감각이 무뎌지고, 또 개인적인 무력감으로 인해 공적 사안이나 쟁점에 무관심하고 이기적이게 되기 십상이다(Flacks 1976, 265쪽). 특히 현대의 자유민주주의에 만연한 '정치의 사사화私事化'로 인해 대부분의 사람들은 물질적·육체적으로 안전한 삶을 영위할 수 있다고 믿는 한, 사적인 영역에 침잠해 일상생활에 충실하려 한다.[15] 일상적 삶의 일환으로 역사 창조에 참여하는 소수의 엘리트를 제외한 대부분의 사람들의 경우 집단적 역사 창조의 과정인 정치에 참여하기 위해서는 일상적인 유대와 헌신(또는 결박)에서 해방되거나, 스스로 그 유대를 파기하거나, 아니면 일상적 유대와 헌신을 지속할 수 없게 만드는 특수한 상황이 개입하거나 하는 예외적인 조건이 충족되어야 한다(Flacks 1976, 265쪽).

그렇지만 대학생은 예외적인 경우에 속한다. 일반적으로 대학생은 타인의 삶에 대한 책임, 곧 부양 의무에 직접 얽혀 있지 않기

---

[15] 정치의 사사화는 '정치적 무관심과 비참여의 팽배', '정치 문제의 사사화', 그리고 '정치 영역에 사적인 이익 추구가 만연하는 것'으로 구성된다. 이에 대한 상세한 논의는 강정인 1993, 79~81쪽 참조.

때문에 일상으로부터 상대적으로 자유롭다. 게다가 과거에는 가족의 경제적 지원을 받으며 생활하는 대학생이 더 많았기 때문에, 한국의 대학생들은 스스로를 부양하는 책임마저 대부분 유예받기도 했다.[16] 따라서 대학생들은 대학에서의 학업과 과외 활동으로 일상의 제약을 받을 뿐, 대부분의 성인들에 비해 일상의 의무에서 상대적으로 해방되어 있다고 말할 수 있다. 따라서 소수의 엘리트를 제외한다면, 쉽게 정치에 동원될 수 있고 참여할 수 있는, 정치적으로 가장 자유로운 존재가 바로 대학생이다. 두말할 필요 없이 이 점은 학생 운동이 주요 정치 변동을 견인하는 데 중요한 역할을 했던 20세기의 한국 정치사가 여실히 증명해준다.

일상과 정치에 대한 앞의 논의에 비추어볼 때, 정치 체제의 전반적 정당성은 일상적 삶에 대한 다수 대중의 정서적 헌신, 그리고 평온한 일상생활의 가능성과 의미가 체제에 의해서 침해받지 않고 지탱되는 데서 확보된다. 따라서 일반 대중은 일상생활에 대한 근본적인 위협이나 교란이 정치 체제의 결정이나 결함에 의해 체계적으로 초래된다고 느꼈을 때, 그러한 위협이나 교란에 저항하기 위해, 그리고 안정된 일상생활을 위한 권리나 조건을 회복하기 위해 정치에 개입한다. 일상생활에 대한 근본적인 위협과 교란은 일반 대중에게 심각한 정치적 불만을 조성하고, 그 결과 일상에 소

---

16 1997년의 금융 위기 이후 신자유주의가 득세하고 사회적 양극화가 심화된 결과 이제 이러한 서술이 설득력을 얻지 못하게 됐다는 비판도 가능하다. 그러나 단기적 관점에서 대학생이 여전히 정치적 조직화가 가장 쉬운 집단이라는 점은 부정하기 힘들다.

요되던 그들의 시간과 에너지가 정치 활동에 투입되도록 하는 전환을 가져오기 때문이다. 곧 현대 자유민주주의 사회에서 일반 대중은 궁극적으로 일상적 삶을 유지하거나 또는 복원하기 위해 역사에 개입한다(Flacks 1976, 257쪽).

대중이 일상적 삶을 위해 요구하는 권리나 조건은 그들이 속한 정치 공동체의 전반적 경제 수준과 사회 복지의 정도, 민주주의의 수준 및 기타 역사적·문화적 조건에 의해 결정된다. 신좌파 운동이 일어난 1960년대의 미국에서 일상적 삶의 조건은 물질적·육체적으로 안정된 삶, 일정한 여가, 자유로운 삶의 보장이었을 것이다. 그러나 군부 독재 시대의 한국에서는 일반 대중의 일상적 삶의 조건이 육체적 생명의 안전 또는 최소한도의 인간다운 생활의 보장 정도로 미국에 비해 지극히 열악한 수준이었을 것임이 분명하다. 그럼에도 불구하고 대중이 그처럼 열악한 일상적 삶을 바꾸기 위해 정치에 개입해야 하는 혁명적인 상황에 좀처럼 이르지 않은 것은, 비록 군부 독채 치하이기는 했으나 1960년대 이래 지속적인 경제 발전에 의해 대부분의 사람들에게서 물질적 삶의 조건이 점진적으로 개선되었기 때문이었던 것으로 풀이된다.[17]

---

17 일부 노동자들의 삶이 지극히 피폐한 수준이었음을 부정할 수 없지만, 일제강점기의 무자비한 수탈은 물론 참혹한 살육과 파괴가 자행된 6·25전쟁까지 겪은 대다수 한국인들에게는 그래도 당시의 삶의 조건이 이전에 비해 견딜 만한 것이었는지도 모른다. 게다가 비록 정치적 반대자들이 고문·투옥·의문사 등 가혹한 수난을 겪긴 했지만, 그래도 정치 공동체가 보기 드물게 '단일 민족'으로 구성되었기 때문에 한국인들이 감당해야 했던 피해가 아르헨티나·남아공화국·칠레 같은 국가들에서의 피해보다는 적었던 것으로 생각된다.

혁명적 상황은 일반 대중의 예측 가능한 일상적 삶이 일시적이 아니라 영구적으로 파괴되었을 때 펼쳐진다. 외국의 침략, 오래 지속된 전쟁, 정부 권위의 철저한 붕괴, 지속적인 경제 파탄, 공권력에 의한 대중의 무자비한 탄압과 학살이 혁명적 상황을 초래하는 요인들이다. 1차 세계대전 말의 러시아와 독일, 1940년대의 중국, 1960년대의 베트남, 그리고 1980년 5월을 전후한 한국에서도 바로 그런 혁명적 상황이 펼쳐진 바 있다. 반면, 1960년대 후반에 서구 선진 국가에서 신좌파 운동이 격렬히 전개되었음에도 불구하고 운동권의 열망과 달리 고전적 혁명, 곧 체제 전복적 변혁에 이르지 못한 것은 일상적 삶이 대다수의 일반 대중에게 지속 가능하고 또 구속적인 것이었기 때문이었으리라고 풀이할 수 있다. 바로 이것이 2차대전 이후 서구의 선진 민주 국가에서 혁명이 종적을 감추게 된 이유가 아닌가 싶다. 이와 대조적으로 대다수의 현존 사회주의 국가에서 1980년대 후반에 혁명적 상황이 전개된 것은 공산주의 체제하에서 지속적인 경제 침체와 권위주의적 통치 등의 이유로 대다수 시민들의 일상적 삶이 만족스럽게 유지되지 못한 탓이었다고 풀이할 수 있다. 그리고 사회주의 시장 경제를 지향한 중국에서 공산당에 대한 혁명적 저항이 드물었거나 또는 그러한 저항이 쉽게 진압된 것은 대다수의 중국인들에게 일상적 삶이 여전

___

물론 필자의 이런 해석에 대해서는 설득력 있는 반론이 제기될 법하다. 혁명적 상황이 존재했지만 국외적 변수, 곧 북한의 존재와 독재 정권에 대한 미국의 묵인 또는 지원이 혁명의 발발을 가로막았다는 해석도 가능하기 때문이다.

히 가능할 뿐만 아니라 과거에 비해 대폭 개선되었기 때문이었다.

단순한 삶, 참된 삶, 일상적 삶

인간은 누구나 '단순한 삶mere life'이 아니라 '참된 (또는 좋은) 삶 good life'을 추구한다. 양자의 관계는, 일단 단순한 삶에 기초해서 참된 삶을 추구한다는 점에서 단계론적인 것으로 보이기도 하지만, 적지 않게 모순과 역설을 빚어내는 것으로 보이기도 한다. 참된 삶은 단순한 삶이 존속해야 가능하다는 점에서 단순한 삶을 전제하지만, 다른 한편으로는 그 참된 삶의 추구가 위협받을 때 자신이 추구하는 삶이 '참되다'라고 증명할 수 있는 최후의 유일한 방법은 종종 단순한 삶(목숨)을 던져 그 '참됨'을 입증하는 것이기 때문이다. 즉, 다른 모든 설득이 실패했을 때, 우리가 추구하는 삶의 참됨을 타인은 물론 자신에게도 납득시킬 수 있는 유일한 방법은 그것을 위해 기꺼이 죽는 것이기 때문이다(Greenberg 1965, 58쪽). 이처럼 단순한 삶은 참된 삶의 필요조건이지만, 이 양자는 종종 모순 관계에 놓인다. 우리는 종종 단순한 삶을 위해 참된 삶을 포기하기도 하지만, 참된 삶을 위해 단순한 삶을 포기해야 하는 상황에 봉착하기도 하는 것이다.

그런데 내세의 삶에 대한 확신이 뚜렷한 사람이 아니고서는, 참된 삶을 위해서 죽는다는 것은 모순이 아닌가? 참된 삶의 필요조건인 단순한 삶이 없어진 마당에 참된 삶을 추구한다는 것은 어불

성설이 아닌가? 이러한 딜레마를 타개하는 방법 중 하나는 타인 (또는 공동체)의 참된 삶(또는 생존)을 위해 자신의 목숨을 희생하는 것이다. 우리는 많은 영웅적 인물들의 일화, 곧 신라시대의 박제상을 비롯해 이순신, 안중근, 유관순, 강재구 소령 등과 같은 인물들의 죽음에서 그러한 이타심의 신비를 볼 수 있다. 그들은 왕, 국가, 민족, 인간에 대한 충성과 사랑이라는 참된 삶을 위해 자신의 목숨을 기꺼이 희생한 경우이다. 이러한 경우들은 인간의 참된 삶이 개체로서의 삶이 아니라 자신이 속한 공동체의 안전 및 복지와 연결된 것임을 적시한다.[18]

이러한 참된 삶은 대부분, 평범한 인간들이 아니라 영웅적인 인물에게나 가능한 것이다. 그러나 참된 삶을 추구하기 위해 확실한 죽음을 자발적으로 선택하는 것 대신에 불확실한 죽음을 선택하는 것, 곧 죽음의 위험을 무릅쓰는 것을 상정해보면 사정은 달라진다(Greenberg 1965, 59쪽). 평범한 사람들에게는 후자가 전자보다 훨씬 더 접근하기 쉽기 때문이다. 이처럼 확실한 죽음이 아니라 불확실한 죽음—곧 죽음을 감수하려는 태도—으로 참된 삶에의 헌신을 측정할 경우 우리는 사실상 우리 자신이 일상생활에서 참된 삶을 위해 단순한 삶 자체를 위태롭게 하는 행위를 빈번히 감수하고 있음을 깨닫게 된다. 어린애가 물에 빠져 허우적거릴 때, 우리

---

18 물론, 예술가·종교인·학자 등의 삶이 보여주는 것처럼, 참된 삶이 전적으로 사적인 영역에 바쳐지는 경우도 있다.

는 수영을 잘하지 못하면서도 아이를 구하기 위해 물에 뛰어들 수도 있다. 아이를 구하려다가 함께 익사할지언정, 적절한 구조 수단이 없는 상황에서 수영을 잘하지 못한다는 핑계로 방관할 수만은 없기 때문이다. 이러한 행동에 나서는 것은 아이를 살려야 하기 때문이기도 하지만, 아이가 죽을 경우 아이를 구하려는 시도를 하지 않은 채 방관한 '비겁한 나'와 함께 살 수 없을 것이기 때문이기도 하다. 적어도 참된 삶은 '나의 삶을 위험에 내맡기더라도 물에 빠진 아이를 구하려는 삶'이기 때문이다. 이 경우 아이를 위해서는 물론이고 나 자신의 참된 삶을 위해서도 나는 나의 삶을 위험에 내던지는 것이다. 하다못해 한밤중에 갑자기 심하게 앓는 가족을 급히 병원에 데려가기 위해 평소와 달리 과속 운전을 하는 사람은 사랑하는 가족을 위해 자신의 목숨을 평소보다 훨씬 커다란 위험에 내맡기는 것이다. 그는 과속으로 차를 몰다가 사고가 나서 타인은 물론 자신의 목숨까지도 날아갈 수 있다는 것을 알고 있지만, 워낙 긴급한 상황이라서 자신의 목숨을 기꺼이 '고高위험'에 내맡기는 것이다.

《변명》과 《크리톤》에서 소크라테스 역시 정교한 철학적 논변이 추가되었다는 점이 다를 뿐 참된 삶과 단순한 삶의 충돌이라는 딜레마에 직면했으며, 궁극적으로 참된 삶을 위해 자신의 삶을 내던졌다. 소크라테스는 평생 동안 자신과 가족의 생계를 돌보지 않고 아테네인들에게 철학적 삶의 우월성과 필요성("검토되지 않은 삶은 살 가치가 없다")을 설득하고 전파하고자 노력했다. 그러나 그 과정에서 그는 아테네의 정치인, 시인, 명망가 등의 부정과 과오를 비판함으로써 결과적으로 그들은 물론 아테네 시민 전체의 공분을 사게 되었고, 급기야 청소년을 타락시킨 죄와 불경죄로 고발되었다. 소크라테스는 법정에서 아테네 시민(배심원)들에게 자신이 무죄라는 것도, 철학적 삶이 참된 삶이라는 것도 설득할 수 없으리라는 것을 어느 정도 예감했고, 또 최종적으로 확인했다. 결국 대중을 납득시키기 위해 그에게 남겨진 최후의 수단은 자신이 무죄임을 주장하고, 죽음(사형)을 무릅쓰더라도 철학적 삶을 포기할 수 없다고 법정에서 당당하게 주장하는 것—"철학을 포기하라고 명하느니 차라리 죽음을 달라"라고 도발적 협박을 하는 것—이었다. 나아가 수감된 감옥에서 도망칠 수 있음에도 불구하고 도망을 거부하는 것이었다. 즉, 철학적 논변이 설득에 실패했을 때 대중에게 철학적 삶의 참됨(정당성)을 납득시킬 수 있는 최후의 유일한 방법은 철학적 삶을 옹호하기 위해 기꺼이 죽는 일이었던 것이다. 그리하여 소크라테스는 정치권력에 맞서 죽음을 감수한, 철학을 위한 최초의 '순교자'로 역사에 남게 되었다.

참된 삶을 옹호하기 위해 죽음을 선택한다는 것은 '고귀한' 철학적 삶을 옹호하기 위해 죽는 경우에만 해당되는 것이 아니고, 정규교육도 제대로 받지 못한 노동자들의 필사적인 저항에도 해당된다. 1970년 11월 13일, 평화시장의 노동자 전태일은 당시 전혀 지켜지지 않던 근로기준법의 화형식을 거행한 뒤, 하루에 열여섯 시간 노동해야 하는 노동자들에게도 '인간으로서의 최소한의 요구'

가 있다는 '인간 선언'을 남긴 채 자신의 몸을 불살라 죽었다. 고故 조영래 변호사는 "내 죽음을 헛되이 하지 말라!"라고 외치며 죽어 간 전태일의 일기와 메모를 근거로 그의 평전 《어느 청년 노동자의 삶과 죽음》을 썼는데, 거기서 죽음을 노래하는 만해 한용운의 〈오셔요〉라는 시를 인용하며 전태일이 처했던 상황을 다음과 같이 애절하게 서술했다.

'참되다'는 것은 무엇을 뜻하는가? 그것은 목숨을 바칠 수 있다는 것을 뜻하는 것이다. 참으로 바라는 것이 있는 사람이라면, 참으로 절절하게 사랑하고 희망하고 그리워하는 것이 있는 사람이라면, 그는 사랑하고 소망하고 그리워하는 것을 향하여 "당신은 나의 죽음 속으로 오셔요"라고 말할 수 있게 된다.

전태일에게 참으로 바라는 것이 있었다. 그것은 인간의 나라였다. 약한 자도 강한 자도, 가난한 자도 부유한 자도, 귀한 자도 천한 자도, 모든 구별이 없는 평등한 인간들의 '서로 간의 사랑'이라는 참된 기쁨을 맛보며 살아가는 세상, '덩어리가 없기 때문에 부스러기가 존재할 수 없는' 사회, '서로가 다 용해되어 있는 상태', 그것을 그는 바랐다. 부유하고 강한 자들의 횡포 아래 탐욕과 이해관계로 얽힌 '불합리한 사회 현실'의 덩어리—인간을 물질화하는 '부한 환경'—'생존 경쟁이라는 이름의 없어〔도〕 될 악마'의 야만적인 질서, 그것이 분해되기를 그는 바랐다. 평화시장의 어린 동심들이 그 잔혹한 채찍으로부터 구출되기를 그는 너무나도 절절하게 바랐다. (전태일기념관

건립위원회 1983, 216쪽)¹⁹

1980년 5월 신군부에 맞선 광주 시민들의 민주화 항쟁을 분석한

---

19 자발적 죽음으로 문제를 타개하려 하는 것은 전태일과 같은 '열사'들의 삶에서만 발견되는 것은 아니다. 예를 들어 평범한 중학생이 시험 중 부정행위를 했다는 누명을 쓰고 징계를 받은 뒤 자살해버리는 것과 같은 사건이 종종 신문에 보도되는데, 그 학생은 소크라테스가 겪은 것과 비슷한 모순에 봉착했고, 궁극적으로 소크라테스와 비슷한 방식으로 자신의 곤경을 해결하려 한 것이었다고 풀이할 수 있다. 진지하게 자신의 결백을 주장했음에도 선생, 친구, 심지어 부모로부터 부정행위를 했다는 오해와 의심을 거두지 못했을 때, 그 누명에서 벗어날 수 있는 길, 즉 '자신이 부정행위를 하지 않았다'는 '증명하기가 지극히 어려운 진실'을 증명할 길은 결백을 주장하는 유서를 써놓고 목숨을 끊는 것밖에 없었을 것이기 때문이다. 물론 그와 같은 극단적인 경우에도 그의 결백이 인정되지 않을 개연성은 항시 존재한다. 누명을 씌운 선생은 감수성이 너무 예민한 사춘기 학생이 부정행위가 발각되자 수치심을 못 이겨 자살했다면서 자신의 행위를 옹호할 수도 있을 것이기 때문이다. 그 선생은 자신에 대한 비난을 모면하기 위해, 그리하여 선생으로 계속 살아남기 위해 그렇게 변명할 수밖에 없었을 것이다. 물론 선생의 주장이 옳은 경우도 있을 것이다. 그러나 궁극적으로 남는 사실은 그 선생은 자기 주장의 진실성을 죽음으로 뒷받침하지 않았다는 것이다(어쩌면 선생이라는 사회적 지위가 적어도 학생들과의 관계에서 그처럼 극단적인 수단에 의지하는 것을 불필요하게 만들었을지도 모른다). 게다가 선생의 주장이 대개 맞다 할지라도 자신의 주장의 절대적 옳음을 그처럼 완고하게 내세우는 선생은 자신이 살기 위해 선생으로서의 참된 삶을 포기하는 것이며, 죽은 학생의 관에 못질을 하는 것이라 할 수 있다. 그 결과 자살을 결행한 학생은 다시 한 번 오해의 대상이 되고, 그의 자살은 그의 부정행위를 재확인하는 행위가 되어버린다. 어쩌면 오늘날과 같은 정보화 시대에는 교실에 설치된 감시 카메라를 활용하는 것이 진상 파악에 큰 도움이 될 수 있을지도 모른다. 그러나 그러한 기계에도 일정한 한계가 있음은 물론이다. 궁극적으로 판독은 오류의 가능성을 내포한 인간이 하는 것이기 때문이다. 아무튼 이러한 사례는 인간에게 사실적 진실이 얼마나 입증하기 어려운 것인가를 단적으로 보여준다. 이와 관련하여 미국의 정치철학자 한나 아렌트는 합리적 진리처럼 초월적 기원을 갖지 못한 사실적 진실의 경우 발설자가 자신의 진실에 목숨을 걸었다면 그가 입증한 것은 자신의 용기나 완고함이지 말한 것의 진실성이 아닐 가능성―거짓말쟁이가 자신의 거짓말에 매달리지 못할 이유가 뭐가 있겠는가―은 상존한다고 언급한다(Arendt 1977, 249쪽). 아렌트의 이러한 주장은 이 글에 담긴 필자의 주장을 반박하는 측면이 있다.

《5월의 사회과학》에서 저자 최정운 역시 광주 시민들의 항쟁을 '참된 삶'을 지키기 위한 목숨을 건 투쟁으로 다음과 같이 묘사했다.

시민들의 목숨을 건 싸움은 인간의 존엄성이라는 몫을 위해서였다. 이 몫이 개인에게 실제로 생명보다 중요할 수는 없을 것이다. 그러나 이 몫은 목숨을 건 싸움을 통해서만 확보될 수 있는 것이었다. 그렇다면 인간의 존엄성의 직관적 본질은 자기 자신의 이익과 사회적 지위를 추구하는 행위와 그 결과에 있는 것이 아니라 자신의 생명보다 더욱 큰 가치를 인정하고 그것을 위해 자신의 몸과 생명을 바치는 행위에서 발견되는 것이다. 그 가치는 조국일 수도 있고, 신神일 수도 있고, 광주 시민들의 경우는 공동체와 동료 시민들의 생명과 존엄성이었다. 즉 인간의 존엄함은 자신보다, 자신의 생명보다 더욱 큰 가치를 설정하고 자신을 극복하며 목숨을 걸고 추구할 때 이루어지는 것이다……즉 인간의 존엄성의 문제는 같은 공동체에 속한 두 인간 사이에서 드러난 것이었다. 그는 다시 인간이 되기 위해서라면 나중에라도 다른 동료 시민이 유사한 위기에 빠졌을 때 목숨을 걸고 싸워야 했고, 목숨을 걸고 싸우는 모습을 나 자신과 동료 시민들에게 인정받아야 했다. (최정운 1999, 162쪽)[20]

---

20   인용문의 마지막 부분은 특히 헤겔의 《정신현상학》에 나오는 저 유명한 '주인과 노예의 변증법', '인정 투쟁'을 상기시킨다.

죽음은 인간의 삶에 실존적으로 배태되어 있으며 삶이란 "끊임없는 그리고 점진적인 죽음에의 굴복 과정"이다. 죽음의 역설은 유한자로서의 인간이 죽음 앞에서 무력함의 극치를 경험하는 반면, 소극적인 죽음이든 적극적인 죽음이든 "임박한 죽음은 삶에 진지함과 깊이를 부여한다"는 것이다(성염 외 1998, 86~87쪽). 현대 생명공학의 눈부신 발전에 따라 설사 인간이 이 세상에서 영원히 죽지 않는 방법을 발견한다 해도, 그로 인해 인간의 삶이 행복해지는 일은 결코 없을 것이다. 죽음을 의식하며 사는 인간, 특히 죽음이 임박한 사람은 자신의 삶에서 가장 중요한 것은 무엇인가—'나는 무엇을 위해 살아왔는가?'—에 대한 운명적 답변, 취소하거나 번복할 수 없는 최종적 답변을 제시해야 한다(성염 외 1998, 88쪽). 그러나 죽지 않는 인간, 인류의 꿈인 불사의 인간은 자신의 삶에서 무엇이 중요한지에 대한 운명적 질문을 상실함으로써 삶에서의 우선순위를 상실하게 되고, 이로 인해 그의 삶은 고통과 기쁨은 물론 진지함과 깊이까지 박탈당한 채 피상적으로 되어버리고 말 것이다(Killilea 1988, 45~66쪽 ; 성염 외 1998, 88쪽).

대다수의 사람들이 죽음의 순간을 수동적으로 맞이하는 데 반해, 사육신·이순신·전봉준·유관순·안중근 같은 인물들, 김대건 같은 순교자들, 그리고 민주화 운동이나 노동 운동에서 목숨을 걸고 투쟁에 참여한 활동가들은 자기 삶에서 죽음을 가장 중요한 행위로 수행했다.[21] 인간에게 죽음은 수동적으로 받아들여야 하는 것이기도 하지만, 이처럼 가장 능동적이고 자유롭게 추구하는 행위가 되기도 한다. 죽음 또는 죽음의 위협을 무릅쓰고 참다운 삶이 추구해야 할 바를 지키려 했을 때, 인간은 죽음을 넘어선 초월적 존재로 비약한다. 죽음을 소극적으로 맞이할 경우 죽음은 한 인간의 삶의 종점이자 일대기의 마침표가 될 뿐이다. 그러나 적극적인 활동의 일환으로 죽음을 택할 경우, 죽음 자체가 한 인간의 일생을 조망하는 전일적이고 초월적인 관점을 제공하기 때문에, 죽음을 통해 비로소 시간적으로는 물론이고 의미론적으로도 한 인간의 일대기가 완성된다.[22] 전태일의 삶처럼, 그런 인간의 삶은 오직 죽음과 관련해서, 그리고 죽음에 수반된 행위에 의해서 절정으로 타오른다. 죽음을 수동적으로 맞이한 자에게서는 죽음에 이르기까지 살아가는 동안 그가 과연 무엇을 했는가가 관심의 대상이 되지만, 죽음을 능동적으로 선택한 자에게서는 그가 죽음으로써 과연 무엇을 (하고자) 했는가가 중시된다. 전자의 경우에는 죽기 전까지 지속된 일상적 삶에서, 후자의 경우에는 죽음 자체와 죽음에 의해 일관된 의미를 새롭게 (소급적으로) 획득한 일상적 삶에서 삶의 의미를 찾아야 한다.[23]

---

21 사적인 영역에서 불우한 이웃을 돌보기 위해 목숨을 바친 자, 사랑을 위해 목숨을 바친 자, 또는 창조적 활동을 위해 빈곤이나 생명의 위협을 무릅쓴 예술가·발명가·철학자 같은 문화적 영웅들도 이러한 범주에 들어갈 것이다.

22 즉, 그런 인간의 삶은 죽음에 의해 목적론적 해석을 추가적으로 부여받는다.

23 전자의 경우에는 삶의 의미가 죽음의 의미를 포섭하고 죽음의 의미로 귀결되는 반면, 후자의 경우에는 죽음의 의미가 삶의 의미를 포섭하고 삶의 의미로 소급·확대된다. 아울러 필자의 이런 논의가 수동적으로 죽음을 맞이한 자와 능동적으로 죽음을 선택한 자의 도덕적 우열을 따지는 것은 물론 아니라는 점을 밝혀둔다.

마지막으로 우리는 앞에서 논한 바 있는 '일상적 삶'을 '참된 삶' 및 '단순한 삶'과 연관시켜 다시 한 번 음미해볼 필요가 있다. 일상적 삶은 단순한 삶(생계)을 유지할 뿐만 아니라 참된 삶을 추구하는 데도 최적의 조건으로 배치되는 것이 바람직하다. 일정한 부, 사회적 지위, 여가, 안정적인 가사 노동 공급을 이미 확보하고 있는 정치인, 기업인, 학자, 문화예술인 등 전문직 종사자들은 일상적 삶을 통해 별다른 어려움 없이 단순한 삶은 물론 참된 삶도 추구할 수 있다. 그 경우에 일상적 삶의 대부분은 참된 삶을 추구하기 위한 직접적인 활동으로 채워진다. 가령 열악한 근로 조건에 시달리는 시간강사와 달리 대학이나 연구소에 적을 둔 학자들은 일상적 삶 속에서 최적의 연구 조건을 마련해 학문에 몰두할 수 있고, 그 결과 훌륭한 학문적 업적을 성취할 수도 있다. 그러나 만성 실업자나 가난한 노동자처럼 사회적으로 최하 계층에 속하는 사람들은 일상적 삶을 통해 참된 삶을 추구할 수 없음은 말할 것도 없고, 최악의 경우 단순한 삶마저 지탱할 수 없는 궁핍한 처지에 몰려 있다. 예를 들어, 1970년대에 전태일 같은 노동자는 평화시장에서의 노동을 통해서는 참된 삶은 고사하고 단순한 삶, 즉 생계마저 지탱할 수 없었던 것이다.

　하층 노동자와 같이 물질적·심리적으로 궁박한 상황에 처해 있지 않더라도 대다수의 사람들은 단순한 삶을 지탱하는 데 급급하여 참된 삶을 추구할 기회를 충분히 누리지 못한다. 또 그런 처지에 있는 사람들이 참된 삶의 추구에 무리하게 몰두하는 것은 단순한 삶의 유지를 위협하는 직접적인 원인이 된다. 이런 이유로 역사적으로 위대한 예술가, 사상가, 장군, 정치인이라 할지라도, 참된 삶을 실현하느라 단순한 삶의 문제를 방치함으로써 자신과 가족의 생계를 위험에 빠뜨리고, 결국 개인적 삶에서는 불행으로 치닫는 사례가 적지 않았다. 예를 들어 독립운동에 평생 헌신한 백범 김구의 경우 그 자신과 가족들의 사적인 삶은 (평범한 잣대로 볼 때) 지극한 불행과 시련의 연속이었다고 할 수 있다. 앞에서 언급한 소크라테스 역시 철학적 삶에 몰두한 나머지 가족의 생계를 제대로 돌보지 못했다.

따라서 참된 삶을 순조롭게 추구하기 위해서는 생계유지와 관련된 일상적 의무가 적절히 감면되거나 아니면 일상적 삶 자체가 참된 삶의 직접적인 수단으로 기능할 수 있는 조건 또는 지위를 확보해야 한다. 물론 그렇다고 해서, 앞에서 인용한 전태일의 생애가 보여주는 것처럼, 일상적 삶 자체가 버거운 노동자들에게 참된 삶의 추구가 전적으로 부정되는 것은 아니다. 1970~1980년대 한국 사회에서 전태일과 같은 노동자들은 '인간다운 삶'을 확보하기 위한 처절한 투쟁에 참가함으로써 참된 삶을 실현하려는, '역사 창조의 주체'로 거듭나기도 했기 때문이다.[24] 군부 정권 치하의 당시 상

---

24 이에 대해서는 1970~1980년대에 집필된 노동자 수기들을 분석한 필자의 글(강정인 1993, 212~221쪽)을 참조할 것. 이 글에서 필자는 노동자가 추구하는 삶의 유형을 세 가지, 즉 짐승이나 기계가 아니라 인간으로 대접받기를 원하는 최소한도의 '인간다운 삶', 물질적 유복함을 포함해 생활의 여유를 누릴 수 있는 '중산층적인 윤택한 삶', 노동 운동에 참

황에서 그러한 투쟁은 단순한 삶에 대한 직접적 위협을 감수하는 모험일 수밖에 없었다. 인간이 추구하는 참된 삶에 정치적 삶—의식적·집단적으로 역사 창조에 참여함으로써 공동의 운명을 개척하는 행위—이 포함된다면, 바람직한 일상적 삶은, 참된 삶과 단순한 삶을 이상적으로 통합한, 그리하여 일상적 삶의 일환으로 정치에 참여하는 삶이라고 할 수 있다.[25]

3. 1991년 5월투쟁 분석
—정치·죽음·진실을 중심으로

'강경대 타살打殺의 정치화'로 촉발된 91년 5월투쟁은 박승희를 비롯한 젊은 학생들의 분신을 통해 전국으로 확산되었다. 그러나 투쟁이 절정에 이른 5월 18일을 전후해 검찰이 5월 8일 분신한 김기설의 유서가 대필되었음을 주장하고 이를 제도 언론이 대대적으로 선전하면서 5월투쟁은 결정적으로 하강 국면에 들어서게 되었다. 정부의 폭압적 통치에 반대하고 운동권의 정치적 주장에 소극적으로나마 동조하지만 그래도 생명 존중의 차원에서 자살만은

여하는 '역사 창조의 주체로서의 삶'으로 구분했다. 그리고 노동자들이 특히 마지막 유형의 삶에서 참된 삶의 보람을 가장 강렬하게 느낀 것—잊지 못할 기억—으로 서술했다.
25 아렌트는 이때 느끼는 행복감을 '공적인 행복public happiness'이라고 표현한 바 있다 (Arendt 1965).

피해야 한다고 생각하던 대부분의 국민들이 누군가 배후에서 자살을 조종한다는 의심을 품게 되면서 양비론적 태도를 취하며 운동권에도 등을 돌리기 시작했던 것이다. 5월투쟁을 소진시킨 또 하나의 중대한 사태는 같은 해 6월 3일에 일어난 정원식 총리서리 외대 봉변 사건과 이를 '노스승'에 대한 운동권 학생들의 '반인륜적 행위'로 몰아가는 데 성공한 정부의 조치 및 이에 편승한 제도 언론의 '선정적' 보도였다. 앞의 예비적 고찰을 토대로 이제 91년 5월투쟁을 점화한 강경대 타살, 5월투쟁을 확산시킨 박승희 등 젊은이들의 연이은 분신, 그리고 5월투쟁을 진화하는 데 결정적으로 공헌한 이른바 '김기설 유서 대필 논쟁/사건' 및 '정 총리서리 봉변 사건과 언론의 왜곡 보도'를 정치·죽음·진실이라는 이번 장의 주제와 연관시켜 분석해보자.

강경대 타살의 정치적 의미

앞서 언급했듯이 91년 5월투쟁은 강경대의 타살로 촉발되었다. 1987년 6월항쟁이 부천서 여대생 성고문, 박종철의 고문치사, 이한열의 최루탄 피격 사망으로 전두환 정권에 대한 국민적 분노가 폭발한 데서 비롯되었음을 기억하는 대중에게 강경대 타살은 직선제로 선출된 대통령의 민주 정권임을 내세우면서 전두환 정권과의 차별화에 나섰던 노태우 정권 역시 폭압성에 있어 전두환 정권과 별반 차이가 없음을 백일하에 드러낸 것이나 다름없었다. 이로 인해 강경대의 죽음은 5월투쟁을 점화하면서 급속한 정치화 과정을 겪게 되었다.

이와 관련하여 우리는 정치적 죽음과 사회적 죽음을 구분할 필요가 있다. 예를 들어, 박종철·이한열·강경대 등의 죽음은 정치권력이 죽음에 직접적으로 개입되었다는 점에서 '정치적 죽음'으로 규정되며, 당연히 정치(문제)화 과정을 겪게 된다. 반면, 가령 아이들을 돌봐줄 사람도 없고 아이들을 어린이집에 보낼 돈도 없는 부모가 아이들을 방 안에 가둬놓고 일하러 간 사이에 방에 갇힌 아이들이 불장난을 하다가 불을 내 사망한 경우, 또는 산재 사고로 노동 현장에서 사망한 노동자의 경우는 '사회적 죽음'에 해당한다. 정치적 죽음은 정권의 정당성을 직접적으로 위협한다. 그러나 사회적 죽음의 경우에는 사회 체제 자체—자본주의 체제 등—의 정당성이 근본적으로 위협받을 소지가 있기는 하지만 통상적으로 정권이 직접 개입한 것은 아니기 때문에, 곧 정권 차원의 문제가 아니기 때문에, 곧바로 정권의 정당성이 위협받지는 않는다.[26] 즉 사회적 죽음은 통상 사회 구조 자체의 근본적 모순을 드러내지만, 그 사회 구조가 전반적으로 용인되는 상황에서는, 별도의 정치적 대책을 강구하는 것으로 이어지기보다는 정치화 과정을 밟지 못한 채 다양한 이데올로기적 기제를 통해 우발적인 '불행한 사태' 또

---

26 따라서 일정한 구조적 요인과 결합할 경우 정치적 죽음은 정치 혁명을, 사회적 죽음은 사회 혁명을 촉발하는 계기로 발전한다.

는 당장 개선이 어려운 '불가피한 사태'로 치부되고 일간지 사회면을 짧게 장식한 채 사사화되어버리는 것이다.[27] 그러나 어떤 사회적 죽음의 발생과 확산에 정치권력이 직·간접적으로 개입되어 있는 경우에는 그 죽음이 정치적 죽음으로 전화되기도 한다. 예를 들어 열악한 근로 조건에 항의한 전태일 열사의 분신은 당시 노동 운동의 탄압에 자본가뿐만 아니라 정치권력도 적극 개입하고 있었기 때문에 필연적으로 정치화의 수순을 밟지 않을 수 없었다.

강경대 죽음의 정치화를 예상하면서 이에 당황한 노태우 정부는 1987년 6월항쟁과 같은 사태의 재발을 미연에 방지하기 위해 강경대 사망 다음 날 즉시 안응모 내무부 장관을 경질하고, 관련 경찰서장 및 중대장을 직위 해제하는 한편 진압 전경 5명을 구속함으로써 대중의 분노를 무마하려 했다. 동시에 "강경대 사건이 궁극적으로 불법 폭력 시위에서 비롯된 것이며 일부 전경의 감정적인 과잉 진압에 의해 발생한 '우발적' 사건"임을 강조함으로써 강경대의 죽음을 탈정치화하려 했다(김정한 2002, 49쪽). 공권력에 의한 시위 참가자의 타살이 우발적인 것이 아니라 필연적인 것으로 받아들여질 때 많은 국민들이 공권력 자체를 일상적 삶을 근본적으로 위협하는 것으로 인식하게 될 것이 뻔하기 때문이었다.

---

27 따라서 단순한 사회적 죽음은 정치적 시위나 항의로 발전하지 못한다. 물론 그러한 사회적 죽음의 경우 사회 구조의 변동보다는 일정한 사회 복지 정책이나 민간 사회복지기관 창설에 의한 재발 방지로 이어질 수도 있을 것이다. 초기 자본주의 국가에서 복지 국가로의 변모는 구조적인 사회 문제가 정치화된 데 따른 결과였다고 해석할 수 있다.

명색이 '민주 국가'인 나라에서 국민들이 정치적 의사를 적극적으로 표현하는 일상적 방법의 하나인 시위 참가가 죽음을 불사해야 하는 모험이 된다면, 이는 민주 국가에서의 일상적 삶이 위협받는 것이다. 더욱이 사회계약론에 따라 근대 국가의 성립 조건이 국민의 생명·자유·재산의 보존임을 상기할 때, 만약 국가가 체계적·구조적으로 구성원의 생명을 파괴하거나 위협한다면 그것은 사회 계약을 위반하는 것으로, 해당 정부는 의당 저항과 타도의 대상이 된다. 따라서 노태우 정부는 강경대의 타살을 단순한 우발적 사건으로 돌리려 했고, 반면에 노태우 정부의 퇴진을 원하는 운동권은 그것을 정부의 구조적 폭압성에서 비롯된 필연적 사건으로 규정하려 했다. 앞에서 언급한 것처럼, 정부가 구성원의 일상적 삶을 체계적·구조적으로 위협할 경우, 일상적 삶에 침잠해 있던 일반 국민들까지 일상적 삶의 안전을 회복하기 위해 정치에 개입하지 않을 수 없으며, 이는 궁극적으로 격렬한 저항 운동으로 발전해 급기야 정부를 전복시킬 수도 있다. 따라서 운동권은 이러한 사태를 이끌어내기 위해 강경대 사건의 '필연성'을 강조했고, 노태우 정부는 이러한 사태를 방지하기 위해 그 사건의 '우발성'을 강조했던 것이다(김정한 2002, 49쪽).

한편 한국에서 근대 국가는 유럽과 다른 발전 과정을 겪어온바, 일제 식민지 통치하에서, 그리고 해방과 분단 정부 수립 후 6·25 전쟁과 군부 정권을 거치면서 반공·안보 국가의 집약적 표현인 일종의 병영 체제로 발전(?)해왔다. 그 결과 국가는 폭력의 기제·

도구와 폭력 사용을 배타적으로 독점하면서 엄청난 양의 폭력을 축적하고 행사해왔다. 이는 (서구 사회와 달리) 군부 정권하의 한국 사회가 근대화 과정에서 국가의 폭력 사용에 일정한 조건과 한계를 부과하는 헌정적 장치를 마련하고 운용함으로써, 국가에 의한 폭력 사용의 '정당화'를 일상적으로 성취하지 못했음을 의미하기도 한다. 민주화 과정에 접어든 노태우 정권에서 일어난 공권력에 의한 시위 참가자의 타살은 설령 우발적이었다 할지라도 이 점을 극명하게 보여주었다. 폭력의 정당한 사용은 국가의 폭력 사용 과정과 절차를 법과 제도로 규제함으로써 폭력 사용을 줄이는 한편 폭력 사용을 문명화하는 것, 곧 국가의 폭력 행사에 법과 제도라는 적절한 옷을 입히는 것을 뜻한다. 강경대 사건은 노태우 정권에서도 여전히 과거의 군부 정권에서 그랬던 것처럼 공권력 행사가 폭력의 벌거벗은 사용에서 벗어나지 못함으로써 국가의 폭력 사용이 헌정적 단계에 진입하지 못했음을 드러냈다.[28]

강경대 치사와 관련해 간혹 제기되는 질문, 즉 시위에 나섰다가 폭력 진압에 의해 쇠파이프에 맞아 죽거나 압사당해 죽은 강경대나 김귀정을 '열사烈士'(절의를 굳게 지킨 사람)[29]라고 부를 수 있

---

28 한국에서 국가 공권력 행사의 폭력적 성격은 민주화 이후 점차 약화돼왔지만, 2001년의 대우자동차 노조 과잉 진압에서 볼 수 있듯이 김대중 정부에서도 여전히 지속되었다.
29 알다시피 '열사'란 정치성이 강한 말이다. 안중근이 한국인에게는 '열사'이고 일본인에게는 '테러범'일 수 있듯이 말이다. 마찬가지로 일국 내에서도 저항 세력이 '열사'로 부르는 인물을 지배 세력이 '범죄자'로 단죄하는 일은 비일비재하다.

는가[30] 하는 질문 역시 '죽음의 정치화'를 둘러싼 논쟁과 연관되어 있다. 예를 들어 '사건성 발언'(주목할 만한 사건으로 눈길을 끌게 되는 발언)을 자주 해 인구에 회자되던 당시 연세대학교의 김동길 교수는 강의 중에 "입학한 지 2개월 된 신입생이 사회에 대한 문제의식을 얼마나 느끼고 행동했기에 그를 열사라 부르는가", "그는 배후 조종한 선배들에 이끌려 시위 도중 도망가다가 맞아 죽은 것일 뿐"이라고 말했다.[31] 마찬가지로 노태우 대통령 역시 "사회 민주화가 6공화국만큼 보장된 적이 전에는 없기 때문에 분신 대학생들을 열사 등으로 호칭할 수 없다"라고 말했다(《한겨레》 1991년 5월 7일, 3면).

아마도 서구의 안정된 민주 국가에서 시위 중에 경찰의 과잉 진압으로 시위 참가자가 사망하는 일이 발생했다면, 우리는 그의 죽음을 애석해하고 과잉 진압을 비판하겠지만 그를 '열사'라고 부르는 것에는 주저할 법도 하다. 시위의 목적이 대의명분에 부합된다 할지라도 그 목적에 대한 그의 신념이 투철하지 않았을 수도 있고, 또 대부분의 시위 참가자가 그렇듯이 그가 죽음까지 무릅쓰고 시

---

30 사실 운동권 내에서는 이런 질문 자체가 어리석은 것으로 치부되거나, 또는 그런 질문을 하는 것이 지배 세력의 입장에 동조하는 음험하고 반동적인 소행으로 치부될 수 있다. 그러나 필자는 사석에서 적지 않은 사람들이 이런 의문을 제기하는 것을 보았기에 이 문제를 짚고 넘어가지 않을 수 없다.

31 〈벗이여, 새날이 온다〉(《월간 말》, 1991년 6월), 139쪽에서 재인용. 3·1운동에 적극 참여해 일본 제국주의의 압제에 항의하다가 목숨을 잃은 젊은이들—당시 십대에 불과했던 유관순 '열사'를 포함한—에 대해 일제 식민지 당국 역시 김동길 교수와 같은 주장을 했을 법하다. 이에 대해 김동길 교수는 뭐라고 답변할 것인가?

위에 가담한 것은 아니었을 것이기 때문이다.[32] 그러나 공권력의 무절제한 행사가 난무했던 당시의 한국에서라면 이야기가 다르다. 따라서 우리는 조국의 독립, 민주주의, 노동자의 인간다운 삶을 위해 자발적으로 목숨을 바친 유관순·김상진·전태일 같은 인물뿐만 아니라 반민주적 정부에 항거하는 시위에 참가했다가 과잉 진압에 의해 숨진 이한열·강경대·김귀정 같은 학생들도—설령 그들이 '단순 가담자'에 불과한 경우라 할지라도—앞에서 논한 바 있는 참된 삶과 단순한 삶 간의 갈등과 관련시켜 '열사'로 규정할 수 있다.

당시의 한국처럼 정부의 탄압이 가혹한 나라에서는 정치 상황에 대한 체계적이고 세련된 신념으로 무장하지 않더라도 열사와 같이 불의를 느끼고 저항하는 것이 가능할 것이고, 단순 시위 가담자인 대학 1학년 학생일지라도 정치 상황의 부정의 및 시위에 따르는 위험을 충분히 인식할 수 있었을 것이기 때문이다. 시위에 참가했다가는 걸핏하면 감옥에 가고 '빨갱이'로 몰리며, 또 정부의 시위 진압이 워낙 폭력적이어서 시위 중에 부상당하는 것은 물론 죽을 수도 있다는 것은 한국의 대학생들에게는 상식으로 통해왔다. 따라서 일견 단순 가담자처럼 보이는 학생일지라도 생명의 위협까지도 감수하고 시위에 참가한 것이었다는 점에서, 곧 시위 참

---

32 그러나 '열사'라는 말의 강한 정치적 성격상 시위를 조직한 측에서는 당연히 시위에 참가했다가 사망한 이들을 '열사'라고 부름으로써, 곧 그들의 죽음을 정치화함으로써 자신들의 투쟁 목적의 정당성을 선전하고 투쟁 의지를 고취하려 할 것이다.

여에 따르는 위험이 대단히 크다는 것을 인식하고 있었다는 점에서, 폭력적 진압에 의해 사망에 이른 시위 참가자는 자신의 신념(절의)을 굳게 지키기 위해 죽음을 무릅쓴 열사라는 자격을 획득할 수 있다. 다시 말해서 그는 객관적 요건과 그 객관적 요건이 담보하는 (참가자에 따라 다소 모호할지언정) 주관적 의도에 따라 참된 삶에 대한 자신의 신념을 표현하고 지키기 위해 자신의 목숨, 곧 단순한 삶을 내던진 사람인 것이다.[33]

마지막으로 우리는 아들의 사망 소식을 듣고 시신 앞으로 달려온 강경대 부모가 울부짖으며 내뱉은 일성—聲에서 일상적 삶과 정치적 삶의 가부장적 성별 분업을 극적으로 확인하게 된다. 아버지는 "이 모습을 찍어 세상에 널리 알려요……"라고 절규했고, 어머니는 "내 아들을 살려내라!"라며 통곡했다(김별아 1999, 84쪽에서 재인용). 소중한 자식을 잃은 비통한 순간에, 가족 내에서 정치적인 삶에 주로 관여하는 남성(=아버지)은 강경대 죽음의 '정치화'를 외쳤고, 반대로 주로 일상적 삶에 충실한 여성(=어머니)은 (사실상 회복할 수 없이) 파괴된 '일상의 회복'을 부르짖었던 것이다. 이는 한국 사회의 가부장적 성별 분업을 체현하는 것이기도 했지만, 인류의 남성 중심적 성별 분업을 재생산하는 것이기도 했다. 또한 일제 강점기의 한국 문학에 자주 등장한 함축적 비유에 따른 '남성(아버지)=정치/권위=죽음', '여성(어머니)=자연=삶/생명'이라는 등식을

---

33 법률 용어를 빌린다면 그는 적어도 미필적 고의에 의해 열사의 자격을 획득한다.

상징적으로 재현하는 것이기도 했다.[34]

노동자 시인 박노해는 1980년대 한국 문학사를 빛낸, 그리하여 1970년대의 대표적 저항시인인 김지하의 '변절(?)'[35]을 운명적으로 예고한 시집《노동의 새벽》에서 '어머니'를 혁명가의 발목을 잡는 일상적 삶의 상징으로 묘사한 바 있다. 그는 〈어머니〉라는 시에서 "오! 어머니 당신 속엔 우리의 적이 있습니다"라고 울부짖는다. 물론 이 시에서 "우리의 적"이란 '혁명의 적'을 뜻하며, "가진 것 적어도 오손도손 평온한 가정"을 바라는 '어머니'는 일상적 삶

---

34 2016년 2학기 서강대학교 정외과 대학원 '한국 현대 정치사상사' 세미나에서 학생들과 함께 1장을 이루고 있는 이 논문을 읽고 토론한 적이 있다. 수업에 참가한 한 여학생은 이 등식이 보여주는 이분법적 정의에 대해 그것이 "여성의 인류 보편적 특성이 아니라 사회가 여성에게 요구하는 모습이거나 여성의 특성에 대한 성급한 일반화의 오류"라고 비판했다. 그 학생은 강경대 어머니의 발언과 대조적인, "대의에 죽는 것이 어미에 대한 효도"라고 말한 안중근 의사 어머니의 편지를 인용했다. 나아가 일제강점기에 독립을 위해 싸운 여성 운동가가 2,000여 명이 넘었지만 남성 중심적 사회에서 그들의 정치적 삶이 제대로 조명받지 못했다고 지적했다. 필자 역시 강경대 부모의 대조적인 반응을 '가부장적 성별 분업'을 체현한 것이라고 서술하여 그것이 인위적이고 역사문화적인 산물임을 암시한 것이었는데, 그 학생은 이러한 필자의 서술을 '인위적이고 역사문화적인 성별 분업'을 '자연적이고 정상적인 양성의 차이'로 서술한 것으로 읽고 반발한 것으로 보인다. 필자 역시 이러한 비판과 지적에 깊이 공감하는바, 학생의 논평은 필자의 서술에 어떤 문제가 있는지 깊이 고민하는 계기가 되었다.

35 필자는 유학 중 일시 귀국한 1980년대 중반에 신촌의 어느 서점에서《노동의 새벽》을 읽었는데 그때의 충격은 이루 말할 수 없다. 그와 동시에《오적五賊》등 과거 김지하의 현란한 시는 한낱 '요설'처럼 느껴졌다. 이 점에서 '박노해의 시야말로 김지하의 시에 대한 가장 치열한 비판이자 극복이었다'고 말할 수 있겠다. 소재가 떨어져 궁지에 몰린 김지하는 '업종 전환'을 모색하지 않을 수 없었을 것이고, 결과적으로 투쟁(죽음)의 시인에서 생명(살림)의 시인으로의 거듭남을 시도한 것으로 보인다. 이제 그의 문학에 대한 평가는 그가 죽음으로써—곧 목숨을 걸고—무엇을 했는가보다는 살아 있는 동안 무엇을 했는가에 따라 내려지지 않을까 생각된다.

에의 애착 때문에 지배 체제가 부추기는 "굴종과 이기주의와 탐욕과 안일의 독사"의 위협과 유혹에 넘어가는 나약한 존재를 표상한다. 또한 어머니는 일상의 가장 긴밀한 유대와 의무를 표상하는 인륜적 존재이며, 따라서 목숨을 걸고 저항 운동에 참여하는 자식들을 "천하의 불효자"로 만드는 존재이기도 하다(박노해 1997, 136~137쪽).

그러나 필자의 이러한 해석과 박노해의 시가 여성이란 '본성적으로' 정치적 투쟁을 외면하고 일상에만 안주한다는 뜻으로 해석되어서는 안 될 것이다. 기나긴 민주화 투쟁 기간 동안 민가협(민주화실천가족운동협의회) 활동에 열심히 참여한 여성들의 삶을 통해 알 수 있듯이, 여성은 일상의 화신으로서 남편과 자식들이 가담한 저항 운동의 발목을 잡기도 했지만, 남편과 자식이 혁명적 행위에 투신해 구속·투옥·사망에 이르게 되면 이제 처절히 파괴된 일상으로의 평온한(?) 철수와 위장된 망각을 거부하고 남편이나 자식의 석방 및 해원解冤을 위해 스스로 저항 운동에 투신해 더할 수 없이 치열하게 헌신하는 경우도 적지 않았기 때문이다.[36] "어머니, 내가 못다 이룬 일 어머니가 꼭 이루어주십시오"라는 임종시 전태일의 유언에 따라(전태일기념관건립위원회 1983, 231쪽) 노동자의 어머니로 거듭난 이소선 여사처럼, 여성들은 남편이나 자식들

---

36 1985년 양심수 후원 활동을 위해 결성된 민주화실천가족운동협의회(민가협), 1986년 민주화와 민중의 생존권 보장을 요구하다 희생된 고인들의 가족이 모여 결성한 민주화운동유가족협의회(유가협) 등에서 적극적으로 활동하는 여성들이 대표적인 사례라 할 수 있다.

의 뒤를 이어 저항 운동의 애절한 전사로 탈바꿈하기도 했던 것이다.[37]

우리는 광주민주화항쟁에서도 '일상적 삶의 회복'에서 '투쟁적인 정치적 삶'으로의 급속한 전환을 목격한 바 있다. 항쟁 초기에 공수부대의 무자비한 진압으로 가족을 잃은 시민들이 처음에는 "내 아들 살려내라!"라고 울부짖다가 급기야 "우리 다 같이 죽읍시다!"라는 구호를 외치게 되었을 때(최정운 1999, 34쪽), 그들은 불가능한 일상적 삶의 회복을 단념하고 '군부 독재하의 일상적 삶', 곧 굴종과 이기적인 삶을 요구하는 구조 자체를 전면적으로 거부하고 변혁하기 위해, 즉 단순한 삶을 거부하고 참된 삶을 쟁취하기 위해, 투쟁의 선봉에 적극 나서기 시작했던 것이다.[38]

---

37 이 단락과 앞의 단락의 내용에 대해서도 예의 여학생은 다음과 같은 예리한 논리로 비판했다. 누구보다도 필자가 그 비판을 음미해야 하겠지만, 독자들과 공유할 가치가 있다고 판단되어 여기 인용한다.
"저자는(이 글의 필자는) ① '남편과 자식의 석방 및 해원을 위해' 투신한다는 전제하에 여전히 여성이 주도적으로 정치적인 삶을 선택하는 길을 폐쇄하고 있으며, ② 전태일의 유언에 '따라' 저항 운동의 전사가 되었다는 그의 어머니의 삶을 남성(남편, 자식)의 정치적 삶에 뒤따르는 부산물로 설정하고 있고, ③ '거듭남', '탈바꿈'이라는 단어의 사용으로 여성의 기본 성질은 정치적이지 않다는 입장을 내비친다. 그러나 남편도 자식도 없었던 유관순의 정치적 삶은 어떻게 설명할 수 있을 것이며, 안중근의 투옥으로 그의 어머니가 정치적 삶을 살게 된 것인지 아니면 어머니의 정치적 삶의 영향으로 아들 안중근 또한 그런 삶을 살게 된 것인지 어떻게 규정할 수 있을 것인가? 어떤 근거로 저자는 남성(아버지)은 정치적 삶을 전담하고 여성(어머니)은 일상적 삶에 충실하다고 주장하는 것인가?"
38 이처럼 1980년 5월에 광주 시민들이 직면한 것과 같은 극한적 상황에서는 앞서 언급한 가부장적 성별 분업의 경계가 무너지기도 한다. 일상적 삶의 파괴로 인해 초래된 일상으로부터의 해방은 또한 일상적 삶의 통상적 금기로부터의 해방을 수반하기도 한다. 예를 들어 항쟁 당시 시민들은 "전두환 찢어 죽여라!"라는 구호를 외치거나 배포된 유인물을 통해

박승희로 비롯된 젊은이들의 연이은 분신자살

1991년 당시에도 여전히 '폭력 경찰', '전투 경찰', '백골단'이라는 용어가 친숙할 정도로 국가 기구의 노골적인 폭력 사용이 일상화돼 있었던 한국 사회에서 강경대의 치사는 구체적 일시와 장소, 경위(치사를 야기한 폭력 사용의 방식과 강도, 구체적인 치사 피해자) 등은 우연적인 것이었을지 몰라도 시위 진압 경찰 또는 백골단이 폭력으로 시위 참가자를 치사에 이르게 할 가능성이 필연적으로 상존하고 있었음을 보여준다. 그러나 앞서 언급한 대로 노태우 정권은 신속한 대응을 통해서 이 사태가 정치적으로 확대되는 것, 곧 '강경대 죽음의 정치화'를 조기에 진화하려 했다.

이 와중에 일어난 4월 29일 전남대 학생 박승희의 분신은 강경대 치사를 우발적 사건으로 규정하려는 집권 세력의 미봉책에 일격을 가하는 사건이었다. 또한 박승희의 자살은 학생들의 저항 운동이 일시적으로 고조되었다가 다시 소강상태에 빠지는 것을 예방적으로 차단한 결정적 사건이기도 했다. 4월 말에 일어난 강경대 치사가 이른바 '민주화의 계절'인 5~6월과 맞닿아 있어서 정권의 의도대로 조기에 진화·수습되기보다 전 국민적 저항 운동으로 비화·확산될 소지가 큰 사건이었다면, 타오르는 불에 기름을 붓

"흉악무도한 전두환 개새끼" 같은 욕설을 거침없이 사용하기도 했다(최정운 1999, 34~35쪽). 이처럼 욕설은 통상 일상적 관계의 '파탄'이나 '유보' 또는 '초탈'을 표상한다.

는 격으로 이러한 확산을 일거에 가능케 한 것이 바로 5·18민주화운동의 진원지이자 상징인 광주 전남대에 적을 둔 학생의 분신이었던 것이다. 박승희의 분신에 뒤이어 안동대 김영균, 경원대 천세용, 전민련(전국민족민주운동연합) 전 사회부장 김기설 등의 분신이 거듭됨으로써 노태우 정부에 항의하는 시위가 전국적으로 확산되면서 바야흐로 5월투쟁의 열기가 뜨겁게 달아올랐다.

학생들의 시위가 일시적 저항으로 끝날 것을 우려한 박승희는 자신의 몸에 불을 붙여 자살을 결행함으로써 '일상으로 철수하려는 학생들의 퇴로'를 결정적으로 차단하고자 했고, 이 점에서 소기의 성공을 거두었다. 박승희는 유서에서 이러한 뜻을 명백히 밝혔다.

제 길이 2만 학우 한 명 한 명에게 반미 의식을 심어주고 정권 타도에 함께 힘썼으면 하는 마음에 과감히 떠납니다. 불감증의 시대라고 하고 무관심의 시대라고도 하는 지금 명지대 학우의 죽음에 약간의 슬픔과 연민을 가지다가 다시 제자리로 안주해 커피를 마시고 콜라를 마시는 2만 학우가 되지 않기를 바라는 마음에서 비롯되었습니다. (박승희 1991, 〈유서〉. 강조는 필자)

시위에 참가하기는 하지만 투쟁의 선도부를 구성하지 않는 대부분의 시위 참가 학생들은 시위가 끝나면 일상으로 돌아가, 무사히 복귀한 것에 일면 안도의 한숨을 내쉬면서 아무 일도 없었던 것처럼 수업과 과제물을 걱정하고 친구들과 일상적인 이야기를 주고받는다. 반미 시위를 하다가도 일상으로 돌아가 다시 '콜라'와 '커피'를 마신다. 자신이 원하는 참다운 삶을 위해 일상적 삶에의 위협을 무릅쓰고 시위에 참가했더라도, 저녁이 되면 휴식을 취하기 위해 가족의 품으로 돌아가는 것이 상례였던 것이다. 박승희가 몸에 시너를 뿌리고 불을 붙인 후 질주하면서 태우고자 했던 것, 그것은 우리가 우리의 삶을 보존하기 위해 최적으로 배치한 일상적 삶이었다. 박승희는 일상적 삶의 표피를 새까맣게, 지글지글 태우는 그 불꽃으로 학생들의 일상으로의 철수를 저지하는 한편 '참다운 삶'에 대한 자신의 신념을 밝힌 것이었다.

앞에서 논한 것처럼 인간이 수동적으로 죽음을 맞이하지 않고 적극적으로 죽음을 선택할 경우 그가 살아온 삶의 강렬한 의미는 그가 죽음으로써 무엇을 하고자 했는가에 따라 조형된다. 특히 어떤 메시지를 전하기 위해 의도된 자살이라는 초일상적 행위의 압도적인 무게는 살아남은 자에게, '일상적 시간'의 흐름을 끊고 강력한 충격을 안겨준다. 이런 맥락에서 하승우는 1991년 5월투쟁 기간 동안 분신·투신자살을 감행한 젊은이들의 행동을 다음과 같이 되묻는 방식으로 해석했다. "설사 자신의 존재가 소멸한다 하더라도 세상이 한순간에 뒤바뀔 것이라고 기대하지는 않지만, 그런 의지를 통해 이 세상을 수동적으로 살아가지 않고 능동적으로 맞서고자 하는 존재의 강한 의지를 보여주는 것이 아닐까?"(하승우 2002, 182쪽).

당시 연속된 젊은이들의 자살과 관련해 최장집은 젊은이들의 분신자살이 "지배 집단의 통제와 탄압이 인내의 수준을 넘은 상황에서, 변화를 추구하는 강력한 열망에도 불구하고 국가의 압도적인 폭력성으로 인하여 이를 실현할 수단을 갖지 못할 때, 약자가 최대한의 도덕적 힘을 발휘할 수 있는 가장 치열한 무기로 선택"된 것이라고 주장하면서 한국 사회의 구조적 요인—국가의 압도적 폭력성—이 반영됐음을 강조했다. 그런가 하면 김동춘은 자살을 "개인주의적이고 합리적인 판단보다는 공동체주의와 도덕적 요소가 인간관계에 매우 중요한 비중을 차지하는 사회에서 나타날 수 있는 저항의 방법"이라고 해석하면서 한국 사회의 문화적 요인을 부각했다. 또한 김정한은 자살을 "자기희생을 통해 대중의 도덕적 분노, 힘의 결집을 이끌어낼 수 있는 실천"의 한 방식이라고 풀이하면서 자살자의 의도 및 자살자와 대중 간의 상호 작용에 주목했다.[39]

필자는 이러한 해석들의 적실성을 부정하지는 않지만, 단순한 삶과 참된 삶이라는 앞의 논의를 토대로 좀 더 행위자의 입장에서 자살에 대한 해석을 덧붙이고자 한다. 앞에서 여러 차례 언급한 것처럼 우리가 추구하는 삶의 '참됨'(참다운 삶)을 가장 강렬하게 주장하는 방법은 그 참다운 삶을 위해 자신의 목숨을 내던지는 것이다. 1987년 6월항쟁이 소기의 성과를 거두기는커녕 군부 정권에

---

39 최장집, 김동춘, 김정한의 인용문은 모두 조현연 2002, 37쪽에서 재인용했다.

서 핵심적 역할을 담당했던 노태우가 선거라는 게임을 통해 야당 후보의 분열을 틈타 대통령에 당선되는 것으로 귀결된 절망적인 상황에서, 그리고 1989년 초 문익환 목사의 방북을 기화로 공안 통치가 조성된 이후 전두환 정권 때와 다름없는 폭압 정치가 재현되었을 때, 분신한 젊은이들은 자신들이 원하는 참다운 공동체적 삶은 "역사의 새 주인 노동자와 민중 형제들이 사람답게 살 수 있는 세상", "새로운 민중의 나라"(천세용 1991, 〈유서〉)에서만 펼쳐질 수 있다는 신념, 나아가 이러한 삶을 위해 반드시 '노태우 정권은 퇴진하고 민자당은 해체되어야 한다'(김기설 1991, 〈유서〉)는 주장을 자살이라는 적극적인 행동을 통해 일반 대중에게 납득시키고자 했다. 그들은 자신들의 신념과 주장이 참된 것임을 보여주는 유일한 방법이 그 신념과 주장을 위해 스스로 목숨을 끊는 행위, 곧 단순한 삶을 내던지는 행위라고 믿었던 것이다.

투쟁 의사의 가장 극렬한 표현이기도 한 잇단 분신자살은 일상적 삶으로 흡수·해체되기 십상인 학생들의 투쟁 의욕을 고취하고 운동권의 연대를 강화하는 데 한동안 효과를 발휘했다. 그러나 정권에 의한 강경대의 타살他殺에 비해 연이은 분신자살은 정권에 대한 시민들의 도덕적 공분을 지속적으로 증폭시키지는 못했다. 잇단 분신자살에는 이른바 수확체감의 법칙—곧 분신자살에 대한 불감증의 증대—이 작용했던 것이다. 그러한 분신을 통해 일반 시민들이 학생들의 사생결단의 투쟁 의지를 거듭 확인할 수는 있었겠지만, 정권이 물리적 강제력을 동원해 직접 그들을 죽인 것은 아니었기에 연이은 분신이 정권에 대한 분노를 지속적으로 달아오르게 할 수는 없었다. 게다가 1980년 5월에 외부와 고립된 광주 시민들이 겪었던 상황과는 다르게, 1991년 5월에는 시민들의 일상적 삶이 회복할 수 없을 정도로 파괴된 상황이 아니었다. 또한 1980년 5월에는 계엄군에 의한 무자비한 광주 시민 살상으로 인해 죄책감 없이 방관적으로 안주할 수 없는 '피해자 공동체'가 광주라는 지역을 거점으로 형성되었지만, 1991년 5월에는 강경대 타살에 의해 전국적으로 도덕적 공분이 일고 연이은 분신에 의해 그 공분이 한동안 유지되긴 했어도 사후적으로 봤을 때 지역을 거점으로 하는 피해자 공동체가 형성되지 않았고, 또 전 국민의 도덕적 공분을 증폭시키는 지배 세력의 과오가 추가적으로 발생하지도 않았다.[40]

이 점에서 1991년 5월투쟁은 1987년 6월항쟁과도 대비된다. 6월항쟁 때는 1986년 부천서 성고문 사건을 둘러싼 정부와 반정부 세력의 지속적 공방, 박종철 고문치사 사건과 이를 둘러싼 은폐 기도와 진상 폭로의 충돌, 전두환의 4·13 호헌 선언과 이에 대한 각계의 비난 성명 및 반대 시위, 민정당의 노태우 후보 공천 강행, 연세대 이한열의 최루탄 피격 사망 등으로 인해 전두환 정권에 대한 국민적 분노가 축적·증폭·확산되는 과정이 존재했다. 게다가

---

40 5월 18일 광주에서 강경대의 장례식이 치러진 이후 5월투쟁이 하강 국면에 들어선 것도 이런 사실과 관련 지어 생각할 수 있다.

1987년 6월항쟁 때는 야당과 운동권이 통합적으로 세력을 결집해 대통령 직선제라는 명확한 대안을 제시하면서 전두환 정부를 지속적으로 압박했지만, 91년 5월투쟁 때는 야당과 운동권이 분열되어 있었고, 정권 퇴진 이외에는 국민적 구심점이 될 만한 시의 적절한 대안이 제시되지도 못했다.

이른바 '김기설 유서 대필 논쟁/사건'

여기서 우리는 (분신)자살이 정치적 행위로서 강력한 정치적 의미를 띠게 되는 맥락을 다시 한 번 음미해볼 필요가 있다. 어떤 행위가 정치적 행위가 되기 위해서는 그것의 의도나 결과가 정치적 적실성/연관성이나 의미를 확보해야 한다. 그런데 선거와 같이 대중적(집합적)이고 정치적으로 잘 제도화된 행위에서는 의도나 동기가 중요하지 않다. 어떤 사람이 아무런 정치적 인식이나 의사 없이 투표 행위에 참여했다 할지라도 '외형상' 투표 행위에 부합하는 그의 행위는 일단 정치적 행위로 인정 · 의제擬制된다. 마찬가지로 어떤 사람이 별 생각 없이, 또는 흥미 삼아 시위대에 합류해 따라다녔다고 해도 시위가 민주 국가가 보장하는 '정치적 의사 표현의 자유'의 한 형태로 준準제도화된 상황에서 그의 행위는 그가 정치적 의도나 동기를 갖고 있었는지와 상관없이 일차적으로는 정치적 행위로 인정된다.

그러나 안정적으로 제도화되지 않은 다른 직접적 행위의 경우에는 정치적 행위로 인정받기 위해 정치적 의도가 명시적으로 드러나거나 또는 주어진 맥락에서 강력히 추정될 수 있어야 한다. 예를 들어, 단식에는 건강을 위한 단식, 정신 수양을 위한 단식, 정치적 행위로서의 단식 등 동기에 따라 다양한 유형이 있다. 그러므로 단식이라는 행위가 정치적 행위로 받아들여지기 위해서는 정치적 의도가 명시적으로 드러나거나 추정될 수 있는 객관적 상황을 확보해야 한다. '농성sit-ins'이라는 행위 역시 역사적으로 그런 요건을 확보하는 과정을 거쳐 정치적 행위로 제도화된 것이다. 따라서 시위나 농성과 달리 제도화되지 않은 행위인 자살이 정치적 행위로 받아들여지기 위해서는 행위의 외형이나 결과보다는 정치적 의도가 '객관적'으로 인정되어야 한다. 자살이라는 행위에도 다양한 동기가 있기 때문이다. 따라서 시국에 대한 항의로 자살이라는 행위를 선택하는 자는 공개적으로 정치적 의사 표명을 하든, 정치적 의사 표명이 담긴 유서를 남기든, 동료들이 지켜보는 가운데 감행하든 그와 유사한 상황을 조성함으로써 자신이 정치적 동기에서 자살하는 것임을 명확히 해야 한다. 다시 말해서 자신의 자살을 스스로 '정치화'해야 한다.

이처럼 자살을 정치화하고 자살이라는 행위의 효과를 극대화함에 있어, 일상적 삶에서 상대적으로 자유로운 대학생들은 다른 사회 계층에 비해 진정성을 인정받기 쉬운 위치에 있다. 일제강점기 이래 한국 사회에서 대학생은 '민족의 희망'이자 '국민의 자식'이라는 특권적 지위를 누려왔기 때문에 그들이 정치적 동기에서 자살을 결행했을 때 그 행위의 정치적 순수성과 자율성을 쉽게 인정받을 수 있었다. 반면에 노동자나 빈민이 시국에 항의해 자살할 경우 그 행위는 정부 당국이나 주위 사람들에 의해 쉽게 사사화되는 경우가 많았다.[41] 단지 어려운 삶을 비관해—곧 삶의 압력을 견디다 못해—감행한 '사사로운 죽음'으로 쉽게 왜곡되거나 호도되어 버렸던 것이다.

앞에서 언급한 것처럼, 한 개인의 자살이 강력한 정치적 의미를 얻으려면 동기의 순수성과 행위의 자율성을 확보해야 한다. 전두환 정권에 이르기까지 지배 세력은 학생이나 다른 항거자들의 정치적 자살을 축소 보도하거나 은폐하려 애썼을 뿐, 왜곡을 통해 그 정치적 자살을 사사화하는 데는 성공하지 못했다.[42] 그러나 1991년 5월의 분신 정국에서 지배 세력은 역대 독재 정권을 궁지에 몰아넣었던 젊은 학생들의 잇단 항의 자살에 대처하기 위해 급기야 교묘한 계책을 고안해냈다. 그 계책의 핵심은 자살의 동기의 순수성과 자율성이 의심받도록 상황을 왜곡하는 것이었다. 그 계책이 체계적으로 적용된 최초의 사례가 5월 8일의 김기설 분신자살에 대한 당국의 대처였다. 당국과 언론은 김기설이 '대학생'이 아니라 '(재야 단체) 전민련의 사회부장'이라는 점을 의도적으로 강조했고(분신 당시에는 사회부장이 아니었음에도 불구하고), 그의 배

---

41   앞에서 논한 '사회적 죽음'을 참조할 것.
42   따라서 저항 세력은, 정확한 보도를 전제로, 자신들의 정치적 의사를 최대한 효과적으로 전달하기 위한 최후의 수단으로 자살이라는 대안을 선택할 수 있었다.

후에 자살을 선동하는 세력이 있다는 주장을 유포했으며, 급기야 김기설의 유서가 배후의 조종 세력에 의해 대필되었다는 '사실'을 사법부를 통해 공증했던 것이다. 광주항쟁 기념일이기도 한 5월 18일, 강경대의 장례식이 종료되는 시점을 전후해 검찰과 제도 언론은 김기설 유서의 '대필'을 기정사실화해 본격적으로 유포하기 시작했다.

물론, 당국의 이러한 시도에 앞서 일부 지식인, 종교인이 분신자살의 '자율성'이나 '순수성'을 부정하려는 담론을 생산해냈고, 언론이 이들의 발언을 대대적으로 보도했음을 상기해야 한다. 박정희 정권 때인 1960년대부터 저항시인으로 명성을 날려왔던 김지하는 1991년 5월 5일자 《조선일보》에 기고한 〈젊은 벗들! 역사에서 무엇을 배우는가―죽음의 굿판 당장 걷어치워라〉라는 칼럼에서 "생명은 자기 목숨이라 하더라도 함부로 할 수 없는 무서운 것인데 하물며 남의 죽음을 제멋대로 부풀려 좌지우지 정치적 목표 아래 이용할 수 있단 말인가", "싹쓸이 충동, 자살 특공대, 테러리즘과 파시즘의 시작이다", "열사 호칭과 대규모 장례식으로 연약한 영혼에 대해 끊임없이 죽음을 유혹하는 암시를 보내고 있다", "저는 살길을 찾으면서 죽음을 부추기고 있는 이른바 진보적 지식인들은 선비인가? 악당인가?" 등 자극적인 표현을 쏟아내면서 분신자살의 배후에 조직적 세력이 잠복·개입하고 있음을 암시했다 (김지하 1991, 3쪽). 나아가 김기설이 분신자살한 당일인 5월 8일에 기자회견을 자청한 서강대 총장 박홍 신부는 성경에 손을 얹은 채

"지금 우리 사회에서는 죽음을 선동하는 어둠의 세력이 있다"고 발언하여 김지하의 예단豫斷을 기정사실화함으로써 이후의 사태 전개에 결정적인 공헌을 했다(《조선일보》 1991년 5월 9일). 결과적으로 김지하와 박홍 신부의 발언은, 그들의 의도가 어떠하든, '김기설 유서 대필 사건' 날조에 유리한 환경을 조성하는 셈이 되었다. 김기설이 분신한 바로 그날 검찰총장 정구영은 급기야 분신을 부추기는 조직적 세력이 있는지 철저히 조사하라는 긴급 지시를 내렸기 때문이다.[43]

어떤 의미에서 김기설의 분신은 순수성과 자율성에 대한 의심을 부추길 만한, 다시 말해 검찰이 조작을 통해 쉽게 그 자살의 순수성과 자율성을 부인할 수 있을 만한 조건을 갖추고 있었다. 첫째, 이전에 분신한 박승희, 김영균, 천세용이 모두 통념상 자살의 순수성이나 자율성을 용이하게 담보할 수 있는 대학생이었던 데 반해 김기설은 대학생이 아니었다. 둘째, 김기설은 당시엔 아니었지만 이전에 전민련이라는 독자적인 사회 운동 단체에서 간부로 활동한 적이 있었다. 셋째, 김기설의 분신은 5월 8일 이른 오전에 서강대 본관 5층 건물의 옥상에서 확실한 목격자가 없는 상태에서

---

43 알려진 바에 따르면, 분신 배후 세력에 대한 검찰의 수사는 이보다 하루 전날에 이미 청와대 고위 당정회의에서 마련된 방침에 따른 것이었다고 한다. 김기설의 분신 직후 검찰이 보여준 신속한 움직임은 이른바 '김기설 유서 대필 사건'이 미리 그려진 밑그림에서 출발한 것이 아니었을까 하는 의문을 갖게 했다(박용현·김규원 1998, 14~15쪽 ; 천호영 1991, 129쪽).

결행되었으며, 김기설의 추락 당시 옥상 위에 2~3명의 청년이 있었다는 서강대 어떤 교수의 증언이 나중에 추가되었다(《경향신문》 1991년 5월 9일, 15면).[44] 이제 김기설이 남긴 유서를 제외한 모든 정황은 김기설 분신의 순수성과 자율성을 의심케 하는 단서가 되고 있었다. 따라서 검찰은 '운동권의 조종을 받는 자살 특공대'의 실재를 증명하기 위해 본격 수사에 나섰다. 강경대의 장례식과 때를 같이해 반정부 투쟁이 전국적으로 최고조에 달한 5월 18일, 검찰은 급기야 김기설의 유서가 필적상 본인이 쓴 것이 아닐 가능성이 높다는 수사 결과를 발표했다. 뒤이어 검찰은 당시 전민련 총무부장이었던 강기훈을 유서 대필자로 지목해 자살방조죄로 기소했고, 궁극적으로 강기훈은 유죄 판결을 받게 되었다.

그러나 당시 이 사건의 기소와 판결에 외압이 작용했으리라는 의심이 있었는데, 이러한 의심은 사건을 담당한 검사와 판사의 발언을 통해 더욱 강화되었다. 1심에서 이 사건의 기소를 담당한 검사는 "범행 일시·장소도 밝혀내지 못한 채 공소장을 작성하고 보도된 내용으로 발표문을 쓰려니 부끄러워 사표를 쓰고 싶은 심정"이었다고 실토함으로써 이 사건의 재판에 일정한 압력이 작용했음을 시사했다(박용현·김규원 1998, 18쪽에서 재인용). 1심 재판을 맡은 판사 역시 강기훈의 유죄를 선고한 판결문에서 "유서 대필

---

44 그러나 당일 분신을 100미터쯤 떨어진 곳에서 목격한 서강대 부총장 승용차의 운전기사 정 아무개 씨는 검찰 조사에서 옥상에는 김기설 혼자뿐이었다고 증언해 옥상에 또 다른 사람들이 있었다는 것을 부정했다(《한겨레》 1991년 5월 10일).

인정이 객관적 진실에 부합하는지는 알 수 없다……신이 아닌 인간이 내린 판결임을 이해해달라"라고 토로했다. 결국 1심 법원은 변호인 측이 제출한 김기설의 필적 자료를, 증인이 있는 필적인 경우에는 모두 '조직적으로 조작된 것'이라는 이유로, 증인이 없는 필적인 경우에는 "누가 쓴 것인지 알 수 없다"는 이유로 증거로 채택하지 않았다(박용현·김규원 1998, 14~15·18쪽 참조).[45] 이처럼 김기설의 유서가 배후 조직의 다른 구성원에 의해 대필되었다고 사법부에 의해 공인됨으로써, 곧 김기설 분신의 정치적 순수성과 자율성을 담보해야 할 유서의 '진정성'이 부인됨으로써 운동권은 심대한 도덕적 타격을 입게 되었다.

그 결과 공교롭게도 김기설의 유서가 대필되었다는 검찰 발표가 나온 5월 18일을 고비로 시국에 항의하는 분신자살은 급격히 감소한다.[46] 이에 대해서는, '자살을 선동하거나 조종하는 배후 세력의 존재'와 '유서를 대필하는 인물의 존재'에 의해 자살의 순수성과 자율성이 급격히 의심받는 상황에서, 곧 자살의 정치적 의미와 효과가 결정적으로 훼손당하게 된 상황에서 '정치적' 행위로

---

45 유서 대필의 진위를 둘러싼 법정 공방은 결국 강기훈에게 징역 3년 및 자격정지 1년 6개월의 형이 확정되는 것으로 끝났는데, 저항 세력은 이를 한국판 드레퓌스 사건으로 규정했다.
46 5월 19일 이후에는 정상순·이진희·석광수 3명이 분신했는데, 이진희와 석광수는 노동자였고 정상순 역시 학생이 아니었다. 이처럼 분신자살자가 대학생에서 노동자로 계층적 이동을 한 것은 1987년에 대학생과 시민 중심의 6월항쟁이 일어난 후 7~8월에 노동자 투쟁이 뒤를 이은 것과 비슷한 양상을 보여준다.

서 자살을 선택하기가 대단히 궁색해졌기 때문이라는 해석을 내릴 수 있다. 이 점에서 노태우 정부에 의한, 유서 대필이라는 의심스러운 사실의 주장과 유포 및 최종적 공인은 분신자살에 의한 정치적 항의의 확산을 효과적으로 차단하는 것은 물론 이후의 잇단 자살 자체를 봉쇄하는 데도 성공했다. 이 점은 당시 '유서 대필 사건' 수사를 총지휘했던 강신욱 서울지검 강력부장이 그로부터 9년이 지난 2000년 7월에 대법관 후보로 추천됨으로써 논란의 대상이 되었을 때 국회청문회에서 한 발언을 통해서도 확인된다. "사건 수사는 당시 일주일에 4명이나 분신하는 등 잇따르던 분신자살을 방지하는 효과가 있었다"(김정한 2002, 44쪽에서 재인용).[47]

정원식 총리서리 봉변 사건과 언론의 편파 보도

노재봉 국무총리가 강경대 타살 사건에 대한 책임을 지고 물러난 뒤 후임으로 지명된 정원식 국무총리 서리는 취임을 앞두고 6월 3일 마지막 강의를 위해 한국외국어대에 나갔다가 학생들에게 봉변을 당한다. 이 사건은 강경대 타살 등으로 정권에 대한 분노가 극에 달한 상황에서 일부 운동권 학생들이 정 총리서리에게 달걀과 밀가루를 투척하며 분노를 표출한 것이었다. 이 일은 언론을 통

---

47 이 미묘한 발언은 '유서 대필 사건'에 대한 재판이 일종의 '사법적 거짓말하기'였음을 우회적으로 시인하는 것처럼 들린다.

해 '스승을 몰라보는 반인륜적 행위'로 대대적으로 매도되었고, 이로 인해 기존 제도권 정치(인)에 대한 운동권 학생들의 도덕적 우월성은 순식간에 물거품이 되고 말았다.[48] 이 일은 텔레비전에 비친 달걀과 밀가루로 범벅이 된 정 총리서리의 몰골만으로도 볼썽사나운 사건으로서 당연히 시민의 분노를 촉발했지만, 당시의 증언과 정황을 종합적으로 고찰할 때, 일부 운동권 학생들이 저지른 우발적 사건이었다고 보는 것이 온당하다.[49]

그러나 보수 언론의 선봉인 한 일간지는 당시 온갖 상상력과 수사적 표현을 동원해 정 총리서리의 봉변 사태를 보도하면서 다음과 같이 운동권 학생들을 매도했다.

극좌파 운동권 학생들이 반백의 노인 스승을, 어른을, 더구나 정부 권위의 최고 상징인 현직 총리를 달걀과 밀가루 세례, 발길질·목조르기로 인질 취급하여 멱살 잡고 끌어내 개 끌듯 이리저리 끌고 다니며, 옆차기, 좌치기, 이단옆차기로 무차별 수모와 린치를 가함으로써 모욕감을 증폭시킨 계획된 조직적인 집단 폭행으로 반인륜적·반지성적·비민주적·반교육적 패륜이 인류을 짓밟았다. (김종철 1991, 26쪽에서 재인용)

---

48 왜곡된 언론 보도에 대한 상세한 분석은 이유경 2002 참조.
49 이 사건의 상세한 전말에 대해서는 김재일 1991, 18~20쪽 참조.

또 다른 신문들 역시 "150미터 끌고 다니며 린치", "경악……기막히다", "헌정사상 처음 있는 일", "운동권은 타락하고 있다" 같은 표현을 써가며 이 사건을 대서특필했다(김종철 1991, 26쪽에서 재인용). 또한 당시 모 교수가 기고한 〈그대들은 이제 민주화 말할 자격 없다 : 누구를 위한 반인륜 폭력인가〉(강조는 원문 그대로)라는 칼럼은 다음과 같은 표현들로 운동권 학생들에게 뭇매를 가했다. "환갑이 지난 총리의 얼굴에 윤기 흐르는 청년의 손이 밀가루를 처바르고, 고함도 몸부림도 없이 묵묵히 당하는 그를 주먹과 발길로 치고 차면서 30분 동안이나 끌고 다니는 참담한 광경", "저들이 인간의 자식인가, 마귀의 새끼인가", "그대들은 사회 구조를 탓하고 선배를 멸시하고 무소불위 유아독존에 너무 오래 젖어 있었고……" (현승일 1991).

이 사건과 그에 대한 과장된 보도로 인해 "학생들이 던진 달걀은 당장 여론의 칼을 장착한 부메랑이 되어 돌아갔다. 일을 저지른 학생들은 단번에 '인륜 도덕과 예의범절을 거스른 패륜아'가 됐고, 학생 운동권의 도덕성은 크게 훼손당했다"(김재일 1991, 18~19쪽). 이 사건은 단숨에 정부·여당에게 반전의 호기를 제공한바, "경찰의 외국어대 급습", "문익환 목사의 재수감", "88명의 재야인사 검거", 재야와 학생 운동권은 물론 노동계에 대한 초강경 대응이 뒤를 이었다(김재일 1991, 20쪽).

이후 광역 선거 국면으로 전환된 후 민자당이 작성·배포한 〈이게 무슨 학생인가〉라는 제목의 선거 홍보물 역시 정 총리서리의 봉변 사태를 다음과 같이 적극적으로 활용했다.

정 총리서리에 대해 일부 운동권 학생들이 퍼부은 무참한 집단 린치는 단순한 폭력배의 소행임을 넘어 군사부일체의 전통 윤리를 짓밟는 스승에 대한 패륜 행위이며, 더 나아가 우리〔가〕 몸담은 나라의 권위와 질서를 뿌리부터 부인하고 파괴하는 반국가적 행동이다. 환갑이 넘은 스승이자 나라의 어른에 대해 밀가루와 계란 세례, 먹살잡이, 발길질 등 광란의 학원 폭력을 연출해냄으로써 김일성 유일사상을 숭배하는 주사파 등 학생 운동권의 적나라한 폭력적 실체와 그 위험성, 그 지향하는 목표가 분명히 〔드러났다〕. (김재일 1991, 19쪽에서 재인용)

이처럼 지배 세력은 사실의 가공 및 편파·비방 보도를 통해 '김기설 유서 대필 사건'과 '정 총리서리 봉변 사건'을 분신의 불길로 달아오른 정국을 진화하는 폭포수(방화수)로 시의 적절하게 활용했다. 그들은 학생 등 운동권을 혁명적 목적을 위해서는 생명까지도 무자비하게 희생시키는 '극렬 좌경 세력'으로 부각하는 것은 물론 유교적 전통에서 중시되는 스승에 대한 존경까지 일거에 무시해버리는 '반인륜적 존재'로 부각하는 것에도 성공했다. 이러한 담론 공세를 통해 지배 세력은 저항 세력이 추구하는 참된 삶의 '참됨'을 근본적으로 전복시켰다. 물론 국민들이 집권 세력의 주장을 전적으로 수용하지는 않았겠지만, 적어도 그들은 정부와 저항 세력에 양비론적 입장을 취하면서 다시 냉소와 무관심의 영역으로 침잠했다. 국민의 냉소와 무관심이 정권 유지에 특효약이라는 것은 아리스토텔레스의 《정치학》과 폭정의 역사만큼 오래된 정치 이론과 경험이 줄곧 증언해온 바이다.

4. 5월투쟁이 제기한 정치철학적 문제들

권력과 진실

미국의 정치철학자 한나 아렌트는 〈진리/진실과 정치Truth and Politics〉[50]이라는 논문에서 전체주의 정권과 대중민주주의의 대두로 특징지어지는 현대 정치에서 대중에 대한 선전·선동이 정부의 중요 업무로 부상했고, 이로 인해 "조직화된 거짓말organized lying"이 진리/진실에 대한 적절한 무기로 활용되기 시작했다고 말했다(Arendt 1977, 232쪽).[51] 그는 진리/진실을 "합리적 진리rational truth"와 "사실적 진실factual truth"로 구분하고[52] 정치권력이 진리/진실에

---

50 곧이어 설명하겠지만, 영어 'truth'에는 두 가지 의미, 곧 (합리적) '진리'와 (사실적) '진실'이라는 의미가 있기에 필자는 이 두 번역어를 병기해 'truth'를 '진리/진실'로 옮겼다.
51 한국의 역대 정권 역시 일제 식민지와 6·25전쟁의 경험을 통해 '조직화된 거짓말'을 철저히 습득하고 실천해왔다.
52 잠정적으로 이 책에서는 아렌트의 이러한 구분에 의거해 진리/진실을 논하겠지만, 사실 이 구분에는 상당한 문제점이 있다. 무엇보다도 현대 과학철학 논쟁에서 잘 알려진 바와

가할 수 있는 위해를 논하면서, 권력의 공격 앞에서는 사실적 진실이 합리적 진리보다 스스로를 방어하고 존속하는 데 훨씬 더 불리하다고 역설한다(Arendt 1977, 231쪽).

사람들이 함께 살고 행위를 함에 따라 필연적으로 발생하는 사건과 사실은 바로 정치 영역을 구성하는 씨줄이자 날줄이기 때문에 정치권력은 합리적 진리보다 사실적 진실에 훨씬 더 민감하고 긴요한 이해관계를 가지며, 따라서 후자를 훨씬 더 적대적으로 또는 조작적으로 다룰 필요성에 직면한다(Arendt 1977, 236쪽). 또한 합리적 진리가 정치 영역 밖에 존재하는 초월적 근거나 자명한 원리를 확보하고 있는 데 반해, 그렇지 못한 사실적 진실은 다수의 인간이 관련된 사건과 상황에만 의존하기 때문에 발생과 경과 자체가 다분히 우발적이고 유동적이며, 따라서 권력에 의한 은폐나 멸실이나 조작에 훨씬 더 취약하다(Arendt 1977, 238쪽). 그리고 아렌트에 따르면 진리나 진실은 공공의 영역에 진입하면 단순한 '의

같이 사실과 이론은 불가분적으로 엮여 있기 때문이다. 이론과 사실의 구분은 물론이고 가치와 사실의 구분 역시 대단히 어려운 일이다. 우리는 사실과 가치의 구분을 넘어 또한 (참된) '의미'의 차원을 상정해볼 수 있다. 예를 들어, '가을은 고독의 계절이다'라는 명제의 진위를 어떻게 가릴 것인가? 이러한 명제들은 한편으로는 '시적 진실'이라고 불리지만 다른 한편으로는 합의를 중시하는 '의견'—플라톤의 분류에 따르면 참도 거짓도 아닌(?)—의 영역에 속하는 모호한 위상을 갖고 있기 때문이다. 또한 아렌트는 합리적 진리에 플라톤의 이데아론 등 철학적 진리를 포함시키는데, 철학적 진리가 합리적 진리에 당연히 포함되는 것인지도 의문이다. 따라서 필자는 종교적·철학적 진리를 일단 합리적 진리와 구분하는 것이 합당하다고 생각한다. 이에 대해서는 2장에서 다루도록 하겠다. 다만 우리가 일상적으로 매우 다양한 관점에서 진리/진실 개념을 사용하는 만큼, 이 개념에 대한 좀 더 체계적이고 정교한 철학적 분석이 필요하다고 생각한다.

견'으로 전환하며, 의견의 힘은 같은 의견을 공유한다고 생각되는 사람들의 수에 좌우된다는 점에서 우연성을 띤다.[53] 이처럼 정치 영역에서 사실의 진실성은 증언과 증거 그리고 최종적으로 다수결에 의존해 결정되기 때문에 정치권력의 공격 앞에서 사실적 진실은 무력한 곤경에 처할 수밖에 없다(Arendt 1977, 235쪽).[54]

91년 5월투쟁의 열기를 급격히 사그라들게 만든 이른바 '김기설 유서 대필 사건'은 아렌트가 말한 사실적 진실의 취약성을 극명하게 보여준다. 김기설이라는 한 젊은이의 분신자살을 노태우 정부에 대한 명시적 항의로서 자율성과 순수성에 입각한 결단으로 볼 것인가, 아니면 심지어 유서까지 대필해주며 자살을 부추긴 불순한 혁명 세력의 배후 조종에 의한 수동적 행동으로 볼 것인가? '유서 대필 사건'은 유서 대필의 진위를 가리는 공적 임무를 띤 사법부로 옮겨 갔고, 양측에서 많은 증거와 증인이 동원되었지만 재판부는 검찰의 주장을 받아들여 결국 강기훈이 유서를 대필한 '사실'을 '공인'하는 역할을 수행했다. 사법부의 독립성을 포함해 공정한 재판을 위한 정치적 여건이 갖춰지지 않은데다가, 김지하·박홍 등 대중의 신망을 받는 일부 인사들이 분신자살의 배후가 있음

53　자연과학적 진리라고 할 수 있는 코페르니쿠스의 지동설에 대한 종교 재판은 이런 사실을 단적으로 보여주는 예이다. 종교 재판 역시 엄밀한 과학적 방법에 의한 입증이 아니라 의견의 힘에 좌우되는 공적 영역에 속한다고 할 수 있기 때문이다.
54　이 점에서 정치 영역에서 논쟁적인 사실을 공적으로 인증하는, 곧 공인하는 사법부의 독립성이 중요한 문제로 부각되지 않을 수 없다. '진리/진실과 정치'에 대해서는 2장에서 보다 상세히 다룬다.

을 강력히 시사하는 선동적 발언을 하고 정부와 결탁한 대중 매체가 사건을 편파적으로 보도하는 상황에서 사법부의 재판은 예정된 수순을 밟는 것이나 다름없었다.

당시 김기설 유서 대필 논란에 대한 대중의 반응은 어땠을까? 정확한 자료는 없지만, 필자는 많은 사람들이 종국적으로 '배후 조종에 의한 자살'을 '사실'로 받아들였으리라고 생각한다. 무엇보다도 일반 국민은 물론 운동권 인사들까지도 대학생들의 연이은 분신자살이라는 납득하기 힘든 비상식적인 사태를 접하며 당혹감에 사로잡힌 상황에서 당국이 내놓은 '배후 조종에 의한 자살'이라는 설명은 꽤 그럴싸하게 여겨졌을 것임이 분명하다. 당시 5월투쟁에 적극 가담했던 대학생이 10여 년이 지난 후 그 사태를 분석하는 글을 쓰면서 분신 정국에 대해 "도둑같이 찾아온 만큼 당황했고, 허둥댔고……그 누구도 이런 정세가 죽음과 열사를 통해 오리라고는 예측하지 못했다"(김원 2002, 128쪽)라고 술회한 사실을 상기할 필요가 있다. 게다가 그 상황에서 죽은 자들이 살아남은 자들에게 던지기 마련인 양자택일적인 질문—'너는 어느 편에 속하는가?', '너는 우리를 위해 지금 무엇을 하고 있는가?' 등—에 대해 후자가 느끼게 되는 두려움·비겁함·당혹스러움·냉소주의 등이 모순적으로 뒤섞인 감정은 '연쇄적 분신자살이라는 사실'을 액면 그대로, 곧 '순수하고 자율적인 결단에 의한 자살'로 받아들이기 어렵게 만들었을 것이다.

그러던 차에 "가족과 친지들이 유서의 글씨가 평소 김 씨의 글

씨와 다르다고 말한 것"이 공개되고(박용현·김규원 1998, 16쪽), 이어서 정부와 대중 매체에 의해 유서 대필이 주장·선전되고, 급기야 분신자살은 이를 배후 조종한 운동권에 의해 '강요된 자살'이며 '죽음을 무기로 한 체제 전복 세력의 반인륜적 행위'(조현연 2002, 36쪽)라는 당국의 공식적 결론이 나오게 되자, 일반 국민들로서는 '그러면 그렇지!' 하면서 미묘한 안도감과 함께 순순히 수긍했을 법하다. 그리고 연이은 분신자살이 동기 면에서 순수하고 자율적이라 믿었던 일부 국민들도 "당신들의 귀신 숭배[죽음의 찬미]는 더욱이 급진적 폭력을 동반함으로써……피의 인민재판을 예고하고 있다"(김지하 1991, 3쪽)[55]라는 김지하의 섬뜩하고 선동적인 말에 휩쓸려 종국적으로 정부의 발표를 믿는 쪽으로 기울었을지도 모른다.[56] 세계 역사상 유례를 찾아볼 수 없을 만큼 '연이어' 분신자살이 결행된 것은 너무나 믿기 어려운 일이었기에, 분신이 시국에 항의하려는 자발적이고 순수한 동기에서 비롯되었다는 '사실'

---

[55] 김지하의 글에서 이 문장의 주어는 '죽음의 찬미'가 아니라 '귀신 숭배'이지만, 독자들의 이해를 돕기 위해 같은 글 다른 문장의 주어인 '죽음의 찬미'를 같은 맥락의 표현으로 보아 병기했다.

[56] 자기 목숨을 아끼는 일반인들의 입장에서는, 침묵의 카르텔에 협조하는 비겁한 자신의 모습을 그런 식으로나마 정당화하지 않을 수 없었을 것이다. 따라서 '유서 대필'은 어찌 보면 일반 대중이 듣고 싶어 한 거짓말이었는지도 모른다. 살아남은 자는 마음의 평온을 원하기 때문이다. 또한 권력을 유지하기 위해서라면 무고한 사람들을 무자비하게 희생시키는 것도 불사하며 수단과 방법을 가리지 않고 살아온 지배 세력의 입장에서는 자신들이 그렇듯이 저항 세력 역시 정부를 전복하고 권력을 장악하기 위해서라면—곧 혁명을 위해서라면—어떤 일도 불사할 것이라는 거울 이미지가 오히려 너무나 자연스럽고 친숙했을 법하다. 남을 속이고자 하는 기만은 자기기만에서 출발할 때 가장 효과적이다.

보다는 분신이 배후 조종되고 유서가 대필되었다는 선동적 '주장'
이 오히려 더 논리적이고 현실적으로 여겨졌을 법도 하다. 그런 탓
에 분신 배후 조종 및 유서 대필[57] 주장은 사건을 담당한 검찰이나
판사보다 오히려 일반 대중에게 더 설득력이 컸을 것이다.[58]

아렌트는 진실의 우연성과 대조적으로 거짓말은 의외성을 띠지
않고 또 논리적이기 때문에 상황에 따라 더 설득력 있게 들린다고
지적했는데(Arendt 1977, 251쪽), 죽음의 분신 행렬이라는 그처럼
당혹스럽고 예측 불가능한 사태를 설득력 있게 설명하는 것은 오
히려 분신 배후 조종설이었을 것이다. 전통적으로 한국의 민주화
운동에 동조적이었던 독일 언론들이 유독 당시의 상황에 대해서
는 "종교적 행위로, 집단적 '생명 경시', '테러리즘' 혹은 '자살 특공
대' 등의 언어"(양영미 2002, 219쪽에서 재인용)를 동원해 보도했는
데, 이 또한 개인주의적·합리주의적 사고에 익숙한 서구인들로서
분신 행렬이라는 의외의 사건을 달리 해석할 수 없었던 데서 비롯
된 일이 아닌가 싶다.

---

57 그러나 달리 보면, 유서가 대필되었다는 당국의 기발한 거짓말은 통상 유서는 대필되
지 않는다는 점에서 설득력이 부족하다는 한계가 있다.
58 왜냐하면 검찰이나 판사는 직무상 사건의 해석 또는 분석(또는 조작)에 관여하는 까
닭에 일반 대중보다 '원초적 사실'을 직접 접할 기회가 더 많기 때문이다.

인륜 · 패륜(반인륜) 공방

91년 5월투쟁을 둘러싼 지배 세력과 저항 세력의 담론 투쟁에서는 인륜과 패륜(반인륜)이라는 개념이 상대방의 도덕성을 공격하는 핵심 무기로 활용되었다. 서구의 자유주의적 인권 존중의 전통과는 결이 다른 동아시아의 유교적 전통이 91년 5월투쟁에서도 힘을 발휘한 것이다. 적어도 한국의 정치문화 지형에서 대부분의 한국인은 인권을 침해한 자나 침해당한 자가 그로 인해 스스로의 인간됨을 총체적으로 부정했다거나(가해자의 경우) 아니면 스스로의 인간됨이 총체적으로 부정당했다고(피해자의 경우) 생각하지 않는 경향이 있다. 그러나 반인륜적 사건을 접했을 때는 가해자와 피해자의 인간됨이 박탈되는 것은 물론이고 나아가 사회의 기강, 곧 기본적인 인간관계가 뿌리째 위협받거나 침해되었다고 생각한다. 따라서 같은 일을 두고도 그것이 '인권 침해'라고 규탄될 경우에는 법률을 통해 해결(구제)해야 하는 개인 차원의 사건으로 간주하고, 그것이 패륜(반인륜)이라고 비난받는 경우에는 개인을 넘어 공동체의 근본 질서를 위협하는, 따라서 공동체 전체가 '팔을 걷어붙이고 나서서 대응해야 하는 집단적 사태'로 간주하는 듯하다.[59]

따라서 1991년 4월에 시위를 진압하던 백골단이 백주에 한 대

---

59 필자는 이처럼 어설프고 거칠게 인권과 인륜을 대조하는 데 그치겠지만, 인권과 인륜에 대한 한국인의 관념을 좀 더 심도 있게 검토할 필요가 있다. 물론 21세기 초의 신세대 대다수에게는 인륜 개념이 시대에 뒤진 것으로 여겨지는지도 검토할 필요가 있겠다.

학생을 쇠파이프로 때려 죽인 사실이 알려졌을 때, 한국 사회에서 대부분의 사람들은 그저 관찰자(방관자)의 입장에서 정부가 어떤 청년에게 저지른 중대한 인권 침해로 규정하면서 도덕적 분노를 느끼기보다, 자식 키우는 부모의 입장에서 마치 정부가 자신의 무고한 자식을 무자비하게 살해하기라도 한 듯이 반인륜적 행위로 받아들이며 윤리적 공분을 느꼈던 것이다. 이는 강경대 타살에 항의하는 시위—장례 행렬을 포함한—의 급속한 확산과 그러한 시위에 대한 전 국민적 공감과 지지에서 확인된다. 그리고 강경대의 타살에 뒤이어 대학생들이 시국에 항의하는 분신자살을 결행했을 때도 대부분의 국민들은 한동안 그들의 죽음에서 비슷한 인륜 파탄의 느낌을 억제할 수 없었던 것으로 보인다.

박승희의 뒤를 이어 안동대생 김영균이 분신자살을 결행했을 때, 고 김세진 열사[60]의 어머니 김순정 씨는 1991년 5월 2일자《한겨레》1면에 실린 〈이 땅의 자식들아 살아서 싸우거라〉라는 '시론'을 통해 "짐승도 새끼를 잃으면 식음을 전폐하는데, 영혼을 가진 인간일진대 오죽하겠는가?"라며, "부모가 자식의 장례를 치러야" 하는 인륜적 아픔에 기대어 학생들에게 "이 가슴에 자식을 다시 묻는 이 어미"와 같은 사람이 다시 나오게 하지 말고, "이 땅

---

60 전두환 정권 때인 1986년 4월 서울대학교 학생 김세진은 이재호와 함께 당시 시행되던 대학생의 전방 부대 입소 의무 군사 교육에 반대하는 시위를 주도하다가 경찰의 강제 진압에 맞서 분신자살을 결행했다. 김세진과 이재호의 일대기에 대해서는 김세진 · 이재호 기념사업회, 2007을 참조할 것.

의 자식들아 살아서 싸우거라"라고 애끓는 호소를 한 바 있다(김순정 1991). 이 시론은 인류을 파괴한 노태우 정부를 강력히 비난하고 있었지만, 동시에 부모에게 인륜을 끊는 아픔을 주는 젊은이들에 대한 간절한 나무람도 담고 있었다.

저항 세력에 동조적인 일부 논자들은 (강경대 타살을 비롯해) 연이은 분신자살을 지배 세력이 조성한 반민주적 상황에 의해 '강요된 자살'로 해석해 '공안 정권=반인륜'이라는 등식을 성립시킴으로써 '반인륜적 자살'에 대한 비난의 화살을 자살을 결행한 이들이 아니라 지배 세력에게 돌리는 담론을 전개했다. 예컨대 분신 학생을 옹호하는 운동권 인사나 논자들은 젊은이들의 분신자살을 "국가 폭력과 암울한 시대 상황 등 외적 요인에 의해 강요된 그런 죽음"(조현연 2002, 33쪽)으로 해석하거나, 또는 당시의 "분신은 특정 집단이나 개인의 문제가 아니라 사회 전체의 문제"라는 맥락에서 "'자살'이 아니라 '타살'"이라고 해석하기도 했다.[61]

---

61 김정한 2002, 54쪽 및 거기에 인용된 김형수의 김지하에 대한 반박문을 참조할 것. 한편, '행위자와 구조 중 어느 것을 중심으로 주어진 현상을 설명할 것인가' 하는 것은 사회과학의 주요 쟁점 중 하나로, 구조를 중심으로 시도된 이른바 '강요된 죽음'이라는 해석 역시 일정한 설득력을 확보하고 있다. 그러나 이 해석은 또한 앞에서 언급한 것처럼 분신한 젊은이들이 운동권의 배후 조종에 의해 죽음을 강요받았다는 역논리 역시 성립시킨다는 결함이 있으며, 당시 지배 세력 또한 이러한 역논리를 적극 활용했다는 점을 상기할 필요가 있다. 따라서 필자는 91년 5월투쟁의 역사적 의미를 적절히 파악하기 위해서는 오히려 행위자의 자발적 의식과 동기를 중심으로 하는 해석, 곧 당시의 잇단 자살을 '순수한 자율적 결단'으로 풀이하는 해석이 더 적절하다고 생각한다. 다시 말해서, 필자는 비록 니체의 허무주의적 입장에 동의하지는 않지만, 그래도 이 문제에 관한 한, 스스로 선택한 "죽음이란 인간 자유의 최고의 가능성"(성염 외 1998, 95쪽에서 재인용)이라고 찬양한 다소 광기 어린

하지만 정부의 조작과 언론의 왜곡이 만들어낸 유서 대필 논쟁을 기점으로 '공안 정권=반인륜'의 등식은 점차 '좌경·혁명 세력=반인륜'의 등식으로 대체되어갔다. 김지하와 박홍 신부가 주로 이념적 잣대에 의거해 운동권의 반인륜성을 공격하는 데 앞장섰다면, 그 후 본격화된 검찰의 유서 대필 주장 및 정 총리서리 봉변 사건에 대한 정부와 언론의 무차별적인 담론 공세는 '좌경 운동권=반인륜'이라는 인식을 최고조로 올려놓는 데 성공했다. 정 총리서리에 대한 폭행 사건이 사전에 "계획된 것이 아니라 할지라도, 또 '교수가 아닌 총리'에 대한 의사 표시라는 학생들의 주장을 십분 이해한다 하더라도", 다수 학생이 일부 학생의 폭력 행사를 적극적으로 저지했다 할지라도, "일반적인 국민 정서는 그들의 입장을 받아"들이지 않았다(김재일 1991, 20쪽). 바야흐로 운동권은 인륜에 반해 자살을 사주하는 것은 물론 '노스승'에게 무자비한 폭력까지 휘두르며 패륜의 극치를 보여주는 존재로, '마귀의 새끼'로 몰리게 되었다. 여기서 흥미로운 사실은 해방 이후 역대 정권이 지속적으로 주입해온 반공 이데올로기의 산물인 '좌경 세력=반인륜'이라는 공식이 이때에도 어김없이 특효를 발휘했다는 것이다.

인륜·반인륜 공방이라는 관점에서 보면 1980년 5월 광주민주화항쟁은 91년 5월투쟁과는 양상이 달랐다. 유려한 필치가 드러나는 최정운의 분석에서 확인된 것처럼, 당시 광주 시민들에게

니체의 해석을 받아들이고 싶다.

공수부대의 무자비한 진압은 "인류에 대한 범죄"로 인식되었으며 이러한 윤리적 판단은 광주 시민들이 "뜨거운 투쟁의 공동체로 응집"하는 데 결정적인 계기가 되었다(최정운 1999, 44·49~50·85쪽). "죽어간 아들딸들의 한을 풀어주자!", "내 새끼들을 공수부대 군인들이 다 죽인다", "자식 키우는 사람이 그러면 안 된다 싶어서……" 등 시민들이 밝힌 투쟁의 동기가 단적으로 보여주듯이, 광주 시민들의 투쟁은 가장 "원초적인 인류"에 근거한 것이었다(최정운 1999, 85·112~113쪽). 따라서 공수부대가 시위를 진압하기 위해 "인간을 짐승처럼, 짐승보다도 못하게" 다루면서 사용한 폭력의 "반인류성은 폭력의 주체로부터 정당성을 박탈하는 결과"를 초래한 게 당연했다(최정운 1999, 127·123쪽).

이러한 결과를 방지하기 위해 당시 신군부 세력은 광주의 실상을 알리는 모든 진실을 차단하고자, 자신들이 장악한 중앙 일간지와 텔레비전 방송 등 대중 매체를 통해 시위 가담자들을 '폭도'로 몰아붙이고 광주항쟁의 진상을 지속적으로 은폐·왜곡했다. 그러나 그러한 거짓과 왜곡은 다른 지역에서는 일정한 '진실 효과'를 거두었는지 몰라도 광주를 비롯한 일부 전남 지역을 뚫고 들어갈 수는 없었다. 광주 시민들은 한편으로는 두 눈 똑똑히 뜨고 적나라한 폭력의 현장을 목격했기 때문에, 다른 한편으로는 최정운이 적절히 표현했듯이 진실의 확산을 차단하기 위해 강제된 고립으로 인해 "절해의 고도"로 남게 되었기 때문에, 거짓이 침투해 들어갈 수 없는 '진실과 인류'의 '절대 공동체'를 형성할 수 있었다. 나아가 계엄군의 최후 공격 시에도 광주 시민들의 일부는 그 진실과 인류의 공동체를 사수하고자 전체 광주 시민을 대표해 죽음을 선택했다.[62] 그 결과 계엄군이 광주를 장악하고 '평정'을 회복한 후에도 신군부는 광주항쟁에 참가한 시민들에게 끝내 '반인륜'의 잣대를 들이댈 수 없었던 것이다.

유폐된 진실과 거부된 정의

앞에서도 여러 번 언급한 것처럼 1991년 5월에 현실 투쟁 못지않게 격렬하게 전개된 담론 투쟁에서 지배 세력은 '유서 대필 사건'과 '정 총리서리 봉변 사건'을 교묘하게 '조작'[63]하고 과장함으로써 초기의 열세를 뒤집는 반전의 결정적 계기를 확보했다. 두 사건을 생명을 경시하는 좌경 혁명 세력의 배후 조종 및 무자비한 인류 파괴 행위로 '공식화'하고 이를 대대적으로 선전함으로써 전세를 역전시키고 저항 세력에게 승리를 거둔 것이다. 적어도 일견 중립적으로 보이는 사법부의 판결과 대중 매체를 통해 지배 세력의 담론을 '공식적 진실'로 공인하는 데 성공한 덕분이었다. 나아가

---

62   "그 젊은이들의 피 어린 항쟁은 결국 광주의 진실을 지켰다"(최정운 1999, 231쪽).
63   책머리에서 언급한 것처럼 '유서 대필 사건'은 진화위의 권고에 따라 재심이 청구되었고, 강기훈은 유죄 판결을 받은 지 23년이 지난 2015년에 최종적으로 대법원에서 무죄를 확정받았다. 이런 사실로 미루어 '조작'이라는 표현보다는 '날조'라는 표현이 이제 더 적절할 것이다.

진실 대신 합의—의견을 같이하는 대중의 머릿수—로 힘을 겨루는(의사를 결정하는) 공공 영역 역시 뒤이은 광역 지방 선거에서의 민자당 압승, 그리고 이를 통한 노태우 정권의 순탄한 임기 보장으로 지배 세력에게 승리의 과실을 안겨주었다.

많은 재야인사와 상당수의 시민들은 김기설의 유서를 강기훈이 대필하지 않았으며, 정 총리서리 봉변 사건이 정부 고위 관리에 대한 학생들의 우발적인 소동이지 반인륜적 행위가 아니라고 생각했을 것이다. 그럼에도 불구하고 그것이 진실로 인정받지 못한 당시의 한국 사회에서 저항 세력이 (스스로를 위로하기 위해?) 흔히 인용하고 의지한 것은 "먹으로 쓴 거짓이 피로 쓴 진실을 가릴 수는 없다"[64], "진실을 영원히 감옥에 가두어둘 수는 없습니다"[65], "역사는 나에게 무죄 판결을 내릴 것이다"[66] 같은 구절들이었다. 지극히 감동적인 구절들이다. 그러나 언젠가는 진실이 밝혀질 것임을 그처럼 감동적으로 믿는다 해도 지배 세력에 의해 진실이 감옥에 갇히고 정의가 거부되는 상황이 지속되는 한, 저항 세력은 후일 진실이 밝혀진 뒤에도 결코 보상받을 수 없는 고통과 슬픔의 기나긴 세월을 감당해야 한다.

---

64 1926년 중국 3·18 참변 당시 학생들의 죽음을 접하고서 루쉰魯迅이 한 말이다(조현연 2002, 37쪽에서 재인용).
65 고 조영래 변호사가 1986년 부천서 성고문 사건을 변론하는 과정에서 한 말(조영래 변호사 추모를 위한 모임 1991, 120쪽)인데 조 변호사 추모집의 제목이기도 하다.
66 "History will absolve me." 쿠바의 피델 카스트로Fidel Castro가 1953년 군사재판정에서 한 말이자 그가 쓴 책의 제목이다.

먼저 피해자와 희생자의 경우, 유교 전통이 강한 한국 사회에서 자식을 앞세운 자의 고통은 인륜적 고통과 연결되어 더욱 극렬하게 표현된다. 특히 자식이 부모보다 먼저 죽는 것은 그 자체가 불효로, 부모의 가슴에 못을 박는 일이다. 그리고 그 죽음이 타살보다 자살일 경우—타살의 경우에는 불효에 대한 자식의 책임이 감면되기에—, 그리고 신체 훼손의 정도가 클수록 불효가 더 커진다고 할 수 있다. 따라서 형체를 알아보기 힘든 상태로 시신을 남기는 분신자살이야말로 자식의 죽음 중에서도 가장 극심한 고통을 안겨주는 불효에 해당할 것이다.[67] 유교의 가르침에 따르면, 신체발부身體髮膚는 부모가 준 것이고, 부모가 사망한 후에는 부모가 거하는 곳이 되므로, 신체발부를 함부로 훼손하지 않는 것이 효의 시작이다(《효경》 ; 가지노부유끼 1996, 72쪽).[68] 실상 이러한 사고는 우리의 의식과 무의식에 깊이 배어 있다.[69] 곧 자식의 몸은 부모의 유

---

67 이런 이유에서 유교는 불교와 달리 화장을 금한다. 따라서 한말에 순절한 애국지사들은 신체를 극심하게 훼손하는 불효를 피하기 위해서라도 분신은 선택하지 않은 듯하며, 대개의 경우 이미 자식을 두어서 자신의 죽음으로 대가 끊기는 사태를 피할 수 있는 경우였고, 또한 노모가 돌아가시기를 기다렸다가 비로소 목숨을 끊는 경우도 있었다. 마찬가지로 갑오경장 때 단발령이 단행되자 유생들이 "두가단 발부단頭可斷 髮不斷(머리를 잘릴지언정 머리카락은 자를 수 없다)"이라며 격렬하게 저항한 것도 부모의 유체이기도 한 자신의 몸을 훼손해서는 안 된다는 경건한 효 정신의 발로였다.

68 이와 관련해 가지노부유끼는 "내 발을 벌려라, 내 손을 벌려라" 하면서 몸이 완전하고 상처 입지 않은 것을 자랑스럽게 내보인 공자의 수제자 증자曾子의 임종 시 언행(《논어論語》, 〈태백泰白〉)을 소개한다(가지노부유끼 1996, 72쪽).

69 필자는 라디오 방송에서 어느 중년 주부가 자신의 늙은 친정어머니를 "알맹이는 자식에게 모두 넘겨준 채 껍데기만 앙상하게 남아 쪼글쪼글해진 어머니"라고 묘사하는 것을 들은 적이 있는데, 이 말에는 우리에게 체화된 유교적 관념이 잘 드러나 있다.

체遺體이기도 하기 때문에, 자식은 효의 정신에 입각해 자신의 몸을 부모의 몸처럼 소중히 다루어야 한다. 이렇게 볼 때 유교의 효 정신에는 죽음을 넘어선 영생의 추구라는 의식이 깊이 깔려 있다 (가지노부유끼 1996, 69~80쪽).

한국과 같은 유교적 인륜 공동체에서 자식의 때 이른 죽음은 이렇듯 불효이고 패륜이지만, 그 죽음이 유교가 지고의 이상으로 인정한 '살신성인殺身成仁'의 정신을 실현하는 것일 경우에는 불효라는 반인륜을 상쇄하는 것으로 여겨지기도 한다.[70] 여기서 '인仁'을 한국 현대 정치사에 비추어 재해석한다면, 그것은 예컨대 일제강점기에 주권 회복을 위한 독립운동에 참가하거나 독재 정권하에서 민주화 투쟁에 헌신하는 경우 등이 될 것이다.[71] 안중근 의사의 어머니인 조마리아 여사가 사형을 앞둔 아들에게 마지막으로 보낸 편지의 한 구절은 이러한 논리를 감동적으로 보여준다.

네가 만일 늙은 어미보다 먼저 죽은 것을 불효라고 생각한다면, 이 어미는 웃음거리가 될 것이다. 너의 죽음은 너 한 사람 것이 아니라 조선인 전체의 공분을 짊어지고 있는 것이다……네가 나라를 위해 이에 이른즉 딴 맘 먹지 말고 죽으라. 옳은 일 하고 받은 형이니 비겁하게 삶을 구걸하지 말고 대의에 죽는 것이 어미에 대한 효도이다.[72]

---

70 곧이어 논할 사례들을 보면 '살신성인'에서 '인仁'을 그에 못지않게 중요한 유교 덕목인 '충忠'으로 대체해 '살신성충殺身成忠'이라는 개념을 만들어 사용해도 무방할 것 같다.
71 앞에서 설명한 것처럼 개인적 차원에서 이는 '참된'삶을 추구하는 것에 해당한다.

따라서 91년 5월투쟁에서 산화한 열사들의 유가족들은 구체적으로, 죽음을 불사한 그들의 행위가 민주화와 연결되고, 민주화된 정치 공동체가 그들의 죽음의 의미(진실성)를 공인해주기를 염원하게 된다. 오직 그때에만 부모는 자식의 죽음 및 불효와 비로소 화해할 수 있을 것이기 때문이다. 이런 점에서 유서 대필 사건과 정 총리서리 봉변 사건의 조작 및 왜곡을 통한 지배 세력의 승리는 5월투쟁에 참가한 열사들의 가족들로 하여금 형언할 수 없는 고통을 겪게 했다. 지배 세력의 조작과 왜곡을 통해 공인된 (사이비) 진실의 압도와 군림으로 인해 자식(형제)들의 죽음은 살신성인의 고귀한 희생으로 여겨지기는커녕 오히려 무모하고 무의미한 죽음이자 반인륜으로 추락하게 되었고, 가족들은 그렇게 죽은 자식(형제) 및 정치 공동체와의 화해를 영구적으로 거부한 채, 위장된 망각과 절대적 사사화의 과정을 거쳐야 했던 것이다. 이러한 지적은 91년 5월투쟁 당시 분신한 젊은이들의 유족들의 회한 섞인 삶과 발언에

---

72 "안중근 의사 어머니의 편지"라는 글 : http://blog.naver.com/iamyou2014/220174416747. 조마리아 여사의 기상으로 보아 이런 편지가 존재할 수도 있겠지만, 이는 전해지는 이야기일 뿐 실제 기록으로는 전해지지 않는다고 한다. 그러나 필자에게는 이 편지의 진위를 떠나 이 편지에 담긴 (많은 한국인들이 순순히 받아들일 법한) 유교적 심성, 곧 대의에 죽는 것(살신성인)이 불효가 아니라 효도라는 유교적 아비투스가 중요하기에 여기에 인용한다. 안중근평화연구원 부원장 윤원일은 "안중근 의사는 이렇게 미화하지 않아도······충분히 존중받을 수 있다"며 사실이 아닌 일을 미화해 감상적으로 변질될 역사를 우려했다. 이에 대해서는 조혜정, 〈안중근, 어머니께 받은 편지 '대의를 위해 죽으라' 사실일까?〉, 《뉴스타운》 2016년 3월 27일(http://www.newstown.co.kr/news/articleView.html?idxno=244839) 참조.

서도 여실히 확인된다. 예를 들어 1998년 김기설의 부친인 김정렬 씨는 취재하러 온 기자들에게 이렇게 말했다. "제 녀석이야 무슨 생각이 있어 그랬겠지만 부모형제의 가슴에는 못을 박고 떠난 것 이지요. 게다가 지가 죽어서 나라가 잘된 것이 있습니까. 사람들이 훌륭한 일을 했다고 칭찬을 합니까"(박용현·김규원 1998, 17쪽에서 재인용).[73]

  91년 5월투쟁에 적극 가담했던 투사들의 상당수가 5월투쟁의 패배 이후 운동권을 떠나 사적인 영역으로 침잠해버렸는데, 그들의 심리 역시 이 같은 유족들의 심리와 크게 다를 바 없었다. 이 점은 5월투쟁에 적극적으로 참가하며 체험한 바를 소설로 쓴 김별아가 당시에 겪은 일들이 지극히 '공적'인 것이었음에도 불구하고 소설의 제목을 "개인적 체험"(강조는 필자)이라고 정한 당혹스러운 역설을 이해할 수 있게 해준다. 목숨을 건 투쟁이 투사들이 염원하던 민주화와 민주화된 공동체에 의한 공인에 이르지 못하게 되었을 때, 그 투쟁은 이제 한낱 사적인 체험과 개인적 진실로 남을 수밖

---

73 김기설을 잃음으로써 김정렬 씨에게는 딸들만 남게 되었다. 그러니 김기설은 여러모로 불효를 저지른 셈이었다. 김 씨는 "요즘 들어서는 〔아들의〕 무덤을 없애고 시신을 꺼내 화장할 생각도 한다. 산 아비가 죽은 아들의 무덤을 보는 것도 못할 짓〔반인륜적인 것〕인데다 자신이 세상을 뜨면 돌봐줄 이도 없는 무덤이기 때문이다"(박용현·김규원 1998, 17쪽). 김기설의 큰누나 역시 "이제 기설이에 대해서는 더 이상 얘기하고 싶지도, 생각하고 싶지도 않다"라는 말과 함께 취재 기자에게 제발 다시는 연락하지 말아달라고 당부함으로써 절대적인 사사화의 상태를 보여주었다(박용현·김규원 1998, 17쪽). 이 점은 유서 대필 사건의 중요한 참고인이었던 홍성은, 그리고 분신자살한 안동대 김영균과 경원대 천세용의 유가족 역시 외부와의 접촉을 일절 끊고 산다는 사실에서도 확인된다(최수묵 1992).

에 없었던 것이다. 또한 김별아는 이 책의 표지에서 제목의 '개인 적'이라는 글자를 뒤집어진 모양으로('ik&ft.) 표기함으로써, 투 쟁에 나섰던 자신들의 이상이 '전도된' 현실을 상징적으로 부각했 다. 전도된 현실에서의 '개인적' 체험은 그들이 희구한 현실에서는 '공공적' 체험으로 회복될 것이다. 김별아의 이러한 언어적 유희는 우발적이지만 '사적私的'(또는 개인적)이라는 말에 해당하는 영어 단어 'private'의 의미와 상통하는 면이 있다. 'private'에는 '박탈된 deprived'이라는 의미도 있는데, 5월투쟁 참가자들의 '공공적' 체험 은 진실성을 공인받지 못함으로써 공공성을 박탈당했다고, 그리 하여 '사적인' 또는 '개인적인' 체험으로 추락했다고 풀이할 수 있 는 것이다.[74]

한편, 역사적으로 지배 세력은 '진실이 감옥에 갇히고 정의가 거 부되고 있는 동안' 정치적 명분과 실리를 동시에 챙겼다. 노태우 정권은 유서 대필 사건과 정 총리서리 사건을 교묘하게 조작·왜

---

74 91년 5월투쟁을 '망각된 투쟁'으로 규정한 당시 저항 세력의 담론은 자신들의 결백한 진실이 공인받지 못하고 사적인 영역에 남아 있음을 '망각'으로 표현함으로써, 그 투쟁에 대한 인정을 기억과 연결시켰다. 따라서 그들이 말하는 '기억'이란 필자가 말하는 '공인'에 해당한다. 진실성을 공인받지 못한 상태에서 추구할 수 있는 하나의 대안은 이야기꾼이 되 어 자신들의 사적인 체험을 '공적인 이야기'의 형태—역사 서술이나 문학 작품 등—로 남 기는 것이다. 이 점에서 5월투쟁의 투사에서 이야기꾼으로 변신한 김별아의 소설은 문학의 형태로 당시 투쟁에 참여했던 학생들의 체험을 공인함으로써 (자신들이 승인하지 않고 또 자신들을 승인하지 않는) 현실이 아니라 (자신들이 승인하고 또 자신들을 승인해줄) 역사 와의 화해를 시도한 것으로 풀이할 수 있다. 김별아는 이 점을 주인공이 운동 시절에 사귄 첫사랑 남자와 재회하고(현실에서의 조우) 결별하는(추억·역사로의 회귀) 것을 통해 상 징적으로 보여준다.

곡함으로써 일거에 불리한 정세를 역전시켰고, 순탄하게 임기를 마칠 수 있었음은 물론 정권을 재창출하는 데도 성공했다. 다시 말해서 권력을 유지했을 뿐만 아니라 그에 따르는 명예와 이득도 누린 것이다. 그렇기 때문에 우리는 '피로 쓴 진실'이 과거 청산을 통해 궁극적으로 이긴다 해도, 그 승리는 이미 '먹으로 쓴 거짓'이 자기 뜻대로 현실을 장악하고 요리한 다음에 비로소 찾아온다는 역설적 상황에 봉착하게 된다.[75] 다시 말해, 피로 쓴 진실이 궁극적으로 역사의 명분을 장악하고 그 승리를 역사의 기록에 남길지는 몰라도, 루쉰의 말과 달리 그 승리가 오히려 '종이 위에 먹으로 쓴 진실과 그 승리'로 공허하게 남게 되는 것은 아닌가 하는 강한 회의와 역설에 직면하게 된다.[76] 대부분의 경우 피로 쓴 진실은 먹으로

---

[75] 이에 대한 생생한 예로 1987년의 6·29선언을 들 수 있다. 6·29선언은 당시 민정당 대통령 후보였던 노태우가 곧 이임할 현직 대통령 전두환에게 대통령 직선제 개헌 등 8개 항목의 민주화 조치를 건의하는 형식으로 발표한 선언이지만, 이것이 노태우의 독자적인 고독한 결단에서 나온 것이 아니었고 정권 재창출을 위한 전두환과 노태우의 공동 각본에 따라 노태우가 일정한 배역을 연출한 것에 불과했다는 사실이 나중에 알려지게 되었다. 당시에도 이미 상당수의 사람들이 두 사람의 일정한 공모가 있었으리라 추정했지만, 언론의 대대적인 보도를 통해 6·29선언은 노태우의 민주적 결단으로 선전되었고, 그로 인해 치솟은 정치적 인기와 야당 후보인 김영삼·김대중 후보의 분열에 힘입어 노태우는 대통령에 당선되었다. 그러한 '눈 가리고 아웅'식의 조작·선전에 의해 노태우 대통령 만들기가 추진되고 성공을 거두었던 것이다. 그것이 집권 세력의 각본임이 밝혀진 것은 이미 노태우가 대통령으로 당선된 후의 일이었기 때문에, 사람들은 '속았다!'는 분노, 자신의 어리석음을 탓하는 자조적 분노에 휩싸였을 뿐 달리 대책을 강구할 수 없었다. 바로 이러한 면 때문에 무릇 정치가는 기만과 속임수에의 유혹을 뿌리칠 수 없으며, 급기야 이를 적극 활용하는 권모술수에 의지하게 된다. 그리하여 대부분의 사람들이 뒤늦게 진실에 이르렀을 때 역사는 대부분 과거완료 또는 현재완료 상태로 손쓸 도리 없이 마무리돼 있는 것이다.
[76] 이렇게 보면 '피로 쓴 진실'은 단순히 뒷북치기나 다를 바 없는 역사적 진실이 아닌가?

쓴 거짓이 이미 오랫동안 기정사실화한 것을 원천적으로 무효화할 수 없고, 따라서 먹으로 거짓을 쓴 세력이 이미 역사의 무대에서 안전하게 퇴장한 후에 비로소 성취되는 사후적(事後的 또는 死後的) 정의는 무력하거나 공허하게 느껴지기 때문이다.

91년 5월투쟁이 좌절한 지 15년쯤 후에 진화위 활동에 적극적으로 참여했던 김동춘은 이러한 모순을 절감하면서, 과거 청산이 비록 지연된 정의라는 한계를 안고 있긴 하지만, 과거의 온전한 회복을 기대하는 복고적 관점보다는 미래의 재발 방지라는 전망적(미래 지향적) 관점으로 과거 청산을 바라볼 것을 주문했다.

> "지연된 정의는 정의가 아니다"라는 말도 있다. 즉 사건이 발생했을 그 (시)점에서 진상을 규명하고 죄를 저지른 사람이나 집단을 단죄하는 것이 최선이다. 그러나 모든 역사는 현실 정치권력을 넘어서는 정의가 실현되기가 매우 어렵다는 것을 보여주었다. 그렇다면 '지연된 정의도 부정의보다는 낫다'는 차선책을 택하지 않을 수 없다. 물론 아무리 중요한 과거도 현재보다 중요하지는 않다. 그러므로 현재적 의미를 상실한 과거 청산은 호사가의 취미에 그칠 것이다. (김동춘 2011, 237쪽)

이어서 김동춘은 과거 청산이 갖는 "현재적 의미"를 과거 청산이 부정의한 "지금의 권력 관계와 그 기원을 고발"하며 "공권력의 잘못된 집행"에 대한 진실을 밝혀냄으로써 궁극적으로 "시민 권리의식 제고"에 기여한다는 점에서 찾았다(김동춘 2011, 237~238쪽).

5. 진실과 정의를 위하여

글머리에서 지적한 것처럼 김대중 정부 출범 이래 이른바 '과거 청산' 또는 '과거사 정리'라는 문제가 줄곧 제기되었다. 과거 청산과 관련해 핵심적인 두 과제는 이번 장의 주제이기도 한 '진실'과 '정의'에 대한 요구이다. 한국에서 과거 청산은 '진상 규명', '관련자 처벌', '피해자의 명예 회복'이라는 세 차원에서 주로 다루어졌다(조현연 2001, 300쪽).[77] 진상 규명이 진실에 대한 요구를, 관련자 처벌이 정의에 대한 요구를 충족시키는 것이라면, 피해자의 명예 회복은 피해자에게 씌워진 억울한 누명이나 오해를 벗겨 과거에 훼손된 그의 명예를 회복시키는 동시에 그가 입은 피해에 대한 배상(또는 보상)을 명하는 작업으로서, 진실에 대한 요구는 물론 정의에 대한 요구와도 맞닿아 있다.

그러나 과거 독재 정권의 부정과 불의에 수많은 사람들이 직접적·간접적 가해자[78]로 연루되었기 때문에 관련자 처벌은 국가 공동체의 구성원들에게 매우 고통스럽고 정치적으로도 대단히 복잡

---

77 5·18민주화운동의 경우에는 진상 규명, 책임자 처벌, 명예 회복, 배상, 정신 계승 기념사업이 해결 5원칙으로 제시되었다.

78 이들 역시 상당수는 피해자로 볼 수 있다.

한 문제일 수밖에 없다.[79] 그러므로 정의에 대한 요구는 정치 공동체의 화합이라는 차원에서 통상 타협을 요구받는다. 남아프리카공화국은 인종 차별에 의한 인권 침해의 과거사를 정리하기 위해 만든 기관에 '진실과 화해 위원회Truth and Reconciliation Commission'라는 이름을 붙였는데, 이러한 명칭에는 정의보다는 화해를 추구한다는 취지가 반영돼 있다. 이 위원회는 어느 경우에도 진실은 포기될 수 없다는 결의에 따라 정의를 희생시키면서까지 진실을 추구했다.[80] 곧 가해자들에게 사면을 조건으로 관련 사건에 대한 진실 고백을 압박하면서 진상 파악에 역점을 두었던 것이다(Truth and Reconciliation Commission of South Africa 1998, 115~118쪽).

앞에서 언급한 것처럼, 한국의 경우 노무현 정부 때 포괄적인 과거사 정리를 위해 만들어졌던 '진실·화해를 위한 과거사정리위원회'(진화위)는 출범한 지 5년이 지난 2010년 12월 말에 활동을 공식 종료했다. 그러나 여러 가지 이유로 과거 청산을 지원한 입법에 심각한 미비점이 적지 않았던데다가, 과거 청산에의 의지를 원천적으로 결여한 이명박 정부가 출범하게 되면서, 진화위는 소기의 성과를 거두지 못한 채 역사의 무대에서 퇴장했다. 무엇보다도 입법이 미비한 탓에 진화위는 가해자 고발, 수사 의뢰, 처벌의 권

---

79 관련자 처벌은 민주화의 경로, 민주 정권의 성격, 잔존 독재 세력의 위세, 그 세력이 저지른 부정과 불의의 정도, 공동체의 인구 구성(인종, 계층 등)에 따라 복잡한 양상을 띠게 될 것이다.
80 '과거는 용서될forgiven 수는 있지만 망각될forgotten 수는 없다.'

한은 물론 강제력이 뒷받침된 조사 권한도 갖지 못했고, 그리하여 결국 정의에 대한 요구를 충족시키지 못했을 뿐만 아니라 진상 규명이라는 목표도 온전히 달성하지 못했다고 평가된다. 만약 과거사정리기본법이 원칙적으로 강제력 있는 조사권은 물론 처벌권까지 인정하되, 가해자가 가해 사실을 스스로 인정하고 진실 규명에 협조할 경우 광범위한 면책 조항이나 사면 규정을 활용해 처벌은 최소화하고 진상 규명과 명예 회복은 최대화하는 방향으로 제정되었더라면 진화위가 좀 더 만족스러운 성과를 거두었을 법하다. 다시 말해, 사실상 처벌권 포기가 과거사정리기본법의 초깃값으로 설정됨에 따라 정의에 대한 요구가 좌절됨은 물론 진실 규명의 요구마저 심각하게 좌절되지 않을 수 없었던 것이다(김동춘 2011, 227쪽).[81]

그 결과 한국 현대사에서는 거짓과 불의가 제대로 정화되지 못한 채 지속적으로 침전·누적되어왔다고 할 수 있다. 과거 청산과 관련된 주목할 만한 노력과 성과에도 불구하고 우리는 과거 독재 정권하에서 감금되었던 진실과 거부되었던 정의가 피해자와 희생

---

[81] 물론 이러한 지적이 진화위의 활동을 비롯한 민주화 이후 한국에서 진행된 과거 청산 활동이 거둔 주목할 만한 성과를 전적으로 부정하는 것은 아니다. 진화위 활동에 위원으로 직접 참가한 김동춘은 중요한 인권 침해 사건과 정치적 의혹 사건의 진실을 규명해 재심, 명예 회복과 보상 조치를 이끌어낸 것, 국민보도연맹원 학살 사건 등 적지 않은 민간인 학살 사건의 진상을 규명한 것을 진화위의 소중한 성과로 거론하면서 "동아시아권에서는 물론 세계적으로 이 정도 수준에서라도 과거 공권력에 의해 저질러진 잘못에 대해 체계적으로 진실 규명을 하고 나름대로 정리한 사례는 찾기 어려울 것이다"라고 평가했다(김동춘 2011, 233~234쪽). 필자도 그의 평가에 동의한다.

자들이 염원하는 만큼 복권되지 않는 현실을 목격해왔다. 그렇다면 우리는 (과거 청산 이전은 물론이고 미진한 과거 청산 이후에도) '진실과 정의가 거부되었던 시대에 민주화 투쟁에 참가했다가 피해를 당한 사람들이나 민주화 투쟁 중에 목숨을 잃은 이들의 유족들이 감당해야 했던, 고통과 불의로 가득 찬 부조리한 현실을 어떻게 설명할 것인가'라는 질문에 다시 한 번 직면하게 된다.[82] 91년 5월 투쟁 당시 유서 대필 혐의자로 지목된 강기훈이 명동성당에 피신해 있으면서 한 말은 필자가 지적한 박해받는 진실의 모순적 운명을 '당대적 관점'에서 진술하게 잘 표현해준다. "진실은 반드시 승리한다는 믿음을 요즘처럼 뼈저리게 느낀 적은 없습니다. 그러나 그 믿음이 저와 저의 가족, 그리고 제 주위 분들이 받는 현실의 고통을 덜어주진 못한다는 사실에 잠이 오지 않습니다."(천호영 1991, 131쪽에서 재인용).

바로 이 지점에서 우리는 정치철학의 근원적인 문제로 회귀하게 된다.[83] 《국가》에서 소크라테스는 정의가 그 자체로 좋은 것임을 보여달라는 요청을 받고 전편에 걸쳐 이를 설득하려 하지만, 《국가》의 마지막 장에 나오는, 사후 세계에서의 삶—정의로운 자

---

82 앞에서도 인용한 것처럼, 김동춘은 과거 청산을 시도하는 '후대적 상황'에서 과거 청산의 현재적(=후대적) 의미를 찾고 있지만, 당대적 상황에서 피해자들이 겪은 (부정의와 거짓에 따른) 고통에 대해서는 침묵을 지키고 있는 셈이다.

83 이 지점은 또한 정치철학과 종교가 교차하는 곳이기도 하다. 기독교의 신정설神正說 theodicy(악의 존재가 신의 섭리라는 설)은 앞의 강기훈의 고민에 대한 종교적 해법이기도 하다. 이에 대해서는 2장 참조.

에게는 열 배의 보상을 하고 부정의한 자에게는 열 배의 벌을 내리는—을 설명하는 에르의 신화가 시사하듯이, 사실상 설득에 실패했다. 즉 소크라테스는 정의로운 삶이 부정의가 압도하는 현실에서 수난을 겪을지라도 그 자체로 좋은 것임을 보여주는 데 실패한 것이다. 그래서 《변명》과 《크리톤》에서 소크라테스는 정의로운 삶이 참된 삶이라는 진실을 죽음으로써 입증하고자 했던 것이라고 풀이할 수 있다. 이러한 해석은 《국가》가 소크라테스의 참된 '변명'으로서 《변명》과 《크리톤》의 속편에 해당한다는 통상적인 해석과 달리 《변명》과 《크리톤》이 오히려 《국가》의 후편으로서 정의로운 삶이 참된 삶이라는 진실을 증명하기 위한 최후의 설득일 수도 있다고 보는 해석의 역설적 설득력을 강하게 시사한다. 따라서 죽음으로써 진실과 정의를 지키고자 했던 소크라테스처럼 광주민주항쟁의 투사들 역시 불의한 현실에 투항하기를 거부하고 자신들의 진실과 정의를 보존하기 위해 광주항쟁의 마지막 새벽을 지켰던 것이다.

2장

신 없는 세계에서의
진리/진실

김은국의 《순교자》 분석을 중심으로

1. 정치와 진리/진실 사이에서

이제는 많은 사람들의 기억에서 사라진 사건이지만, 김영삼 정부 시절인 1995년 5월경에 당시 김숙희 교육부장관이 국방대학원 특강에서 한 발언으로 정치권에 엄청난 파문을 일으킨 끝에 전격 해임되는 일이 있었다. 문제의 발언이 어떤 것이었는지 정확히 알려진 바 없지만, 대체로 이런 내용이었다고 한다. "우리 군은 두 번의 전쟁을 치렀지만 6·25는 동족 간의 분쟁이요, 베트남전은 용병으로 참여했으므로 올바른 전쟁의 명분을 갖지 못했다"(《한겨레》 1995년 5월 13일). 1995년 5월 13일, 주요 일간지들은 김 장관의 해임을 보도함과 아울러 그의 발언을 비판하는 논평이나 사설을 일제히 게재했는데, 요지는 크게 두 가지였다. 첫째는 김 장관의 발언이 '역사 해석에 있어 전적으로 잘못되었다'(논지 1)는 것이었고, 둘째는 김 장관의 발언이 '대한민국의 정통성을 부정할 뿐만 아니라 자유민주주의를 위해 희생한 선열들을 모독했다'(논지 2)는 것이었다.

여기서 논지 1과 논지 2가 상호 모순적이 아니라는 점을 고려할 때, 김 장관의 발언이 논지 1뿐만 아니라 논지 2에 의해서도 비판받을 만하다는 점에서 두 논지는 상호 보완적인 성격을 띤다. 동시에 설사 논지 1의 타당성이 약하거나 없다—곧 김 장관의 발언이 (상당히) 타당하다—하더라도 논지 2에 의해서 김 장관의 발언이 비판받을 만하다는 점에서 논지 2는 논지 1에 대한 대안 성격도 띤다. 이런 의미에서 논지 1은 김 장관의 역사 해석의 타당성을 문제 삼는 것이고, 논지 2는 그 타당성을 유보하더라도 김 장관의 발언이 대한민국 정부의 정통성을 위협하고 군의 사기를 떨어뜨리는 등 대국민적 파장을 가져올 수 있음을 문제 삼는 것이다. 곧 논지 1이 장관의 발언을 참인가 아닌가 하는 '진실성' 차원에서 비판하는 것이라면, 논지 2는 '신중성'(또는 '경솔함') 차원에서 비판하는 것이라고 할 수 있다.

당시 주요 일간지의 사설들이 두 논지를 어떤 식으로 취사선택했는가를 살펴보는 일은 흥미롭다.[1] 《동아일보》는 김 장관의 발언이 타당성이 없다는 논지 1에 집중하여 비판했고, 《중앙일보》와 《한국일보》는 두 논지를 모두 취한 가운데 논지 2를 더 강조했으며, 《한겨레》는 논지 2를 중심으로 비판했다. 좀 더 구체적으로 살펴보면, 《동아일보》는 한국전쟁의 경우 전쟁의 책임이 침략을 개시한 북한에 있음을 강조하면서 "나라와 국토를 방위하기 위해 목숨을 건 한국군의 전쟁 명분은 어떤 이유로도 격하할 수" 없다고

---

1 당시 문제가 된 김 장관의 강의 내용을 처음 보도한 《조선일보》는 1995년 5월 13일자 사설에서 김 장관의 해임을 다루지 않았다. 따라서 《조선일보》는 분석 대상으로 삼지 않았다.

주장하는 한편, 나아가 베트남전 참전 역시 미국과 동맹 관계에 있는 한국의 입장에서 "안보에 얽힌 국가 이익을 고려"할 때 "불가피한 선택"이었음을 강조하면서 '용병의 성격'이 없다고 했다(《동아일보》 1995년 5월 13일). 《중앙일보》는 6·25와 관련해서는 그 발언의 타당성을 주로 비판했고, 베트남전 참전과 관련해서는 재야에서는 수용할 법한 해석이라고 수긍하면서도 현직 정부 각료의 발언으로는 부적절하다고 비판했다(《중앙일보》 1995년 5월 13일).

《한국일보》는 발언의 타당성도 비판했지만, 그보다는 발언의 파장에 더 많은 지면을 할애했다. "건국 이래 두 차례 전쟁에서 당한 엄청난 희생과 고난은 하루아침에 무의미〔한〕 물거품이 될 뿐 아니겠는가……뿐만 아니라 국가 수호와 반공을 위해 생명을 바친 영령이나 유가족과 참전 용사들에 생각이 미칠 때 그 모독감은 형언하기 어렵다……그러나 역사가 입증한 명명백백한 사실을 독단적으로 왜곡하는 작태는 결코 받아들일 수가 없음을 강하게 밝혀둔다. 국민과 국군의 사기에 미치는 영향이 어떤가를 한 번쯤은 심사숙고했어야 마땅했다"(《한국일보》 1995년 5월 13일). 마지막으로 《한겨레》는 이른바 진보 언론답게 논지 2에 집중하면서 "6·25와 베트남전에 대한 역사적 평가와는 상관없이 이 땅의 많은 젊은이들이 이 전쟁으로 귀중한 목숨을 잃었고, 그의 강연을 들었던 국방대학원생들은 바로 이런 민족적 희생을 집중적으로 치러낸 군의 중추적 간부들이었다는 점"을 김 장관은 신중히 고려했어야 한다고 비판했다(《한겨레》 1995년 5월 13일).

김 장관의 발언에 대한 주요 일간지들의 사설을 종합 분석할 때 비판의 무게중심은,《한겨레》도 지적했듯이, 발언의 '진실성'—역사 해석의 타당성—이 아니라 '신중하지 못함'(또는 '경솔함')에 두었던 것으로 보인다. 6·25전쟁과 한국군의 베트남전 참전에 관한 김 장관의 해석은 전적으로 독단적인 것은 아니었고, 당시 한국 사회의 진보 계층은 김 장관의 해석에 상당히 동조했을 법하다. 따라서 고위 공직자가 공개석상에서 그러한 발언을 했다는 것이 비판의 핵심이었던 것 같다. 6·25전쟁과 한국군의 베트남전 참전을 어떻게 해석하는가에 따라 남한 체제의 정통성은 물론이고 고귀한 생명의 희생을 포함해 엄청난 대가를 치렀던 군인과 일반 국민의 죽음 그리고 (고난을 감당해야 했던) 삶(또는 생존)의 의미를 심각하게 훼손할 수 있기 때문이다.

　　예컨대 6·25전쟁에 대한 기억과 상흔이 아직 가시지 않은 상황에서 만약 6·25전쟁이 동족상잔의 무의미한 전쟁이었다고 규정한다면, '자유 수호'라는 명분하에 북한을 상대로 목숨 바쳐 싸운 군인 및 유가족의 삶은 물론이고, 남한 정부에 충성하면서 묵묵히 엄청난 희생과 고난을 감당한 민간인들의 삶이 일거에 부조리하고 무의미해져버린다. 이처럼 6·25전쟁과 베트남전 참전에 대한 역사적 해석이나 진실은 체제의 정통성에 대한 평가는 물론 많은 사람들의 삶의 의미 및 죽음의 가치와 뗄 수 없이 엮여 있기 때문에, 공개적인 '정치의 장'에서는 객관적으로 또는 공평무사하게 논의하기 어려운 것처럼 보인다.[2]

김숙희 장관의 해임에 대한 신문 사설들을 분석해 얻은 이러한 통찰은 우리에게 보다 폭넓은 차원에서 정치와 진리/진실[3]의 관계를 성찰할 것을 요구한다.

이와 관련하여, 재미교포 작가인 김은국이 1964년에 출간해 한때 베스트셀러에 오르며 미국 사회의 이목을 끈 소설《순교자》는 두 가지 점에서 우리의 관심을 끈다. 첫째는 일반적인 관점에서 정치와 (기독교적) 진리/진실의 관계를 다루고 있다는 점이고, 둘째는 보다 구체적으로 6·25전쟁을 소재로 하여 현대 사회에서 종교적 순교와 6·25전쟁의 의미가 무엇인가를 진지하게 캐묻고 있다는 점이다.《순교자》가 정치와 진리/진실의 관계에 제기하는 질문은 이런 것이다. 첫째, 현대 사회에서 기독교적 진리를 유지하는

---

2 이런 맥락에서, '국방대학원 특강'이라는 강의 형식을 띠긴 했지만 학문의 장이라기보다는 다분히 정치적인 장에서, 학자라기보다는 현직 각료가 그러한 주장과 해석을 개진한 것은 본인의 의도나 가정과 상관없이, 학문적 논쟁보다는 정치적 여론 재판의 대상이 될 충분한 소지가 있었다고 할 수 있다. 비록 강의 내용에 불만을 품은 일부 수강생인 군 장교들이 비공개 약속을 어기고 이 일을 언론에 공개해 여론 재판에 불을 댕겼고 거기에 모종의 정치적 계산이 깔려 있었을 가능성도 배제할 수 없지만 말이다.
3 2장에서는 '진리/진실'을 병기하는 경우가 많을 것이다. 진리와 진실이 상호 의존적이고 중첩돼 있으며 명료하게 구분하기 쉽지 않기 때문이다. 1장에서 논한 것처럼 미국의 정치철학자 아렌트는 'truth'를 '합리적 진리rational truth'와 '사실적 진실factual truth'로 구분한 바 있다. 전자가 이론적 차원을, 후자가 사실적 차원을 가리킨다는 점에서 개념상 구분되기는 하지만, 양자는 상호 의존하고 중첩돼 있고 호환 가능해서 명료하게 구분하기가 쉽지 않다. 예를 들어, '(바다를 포함한) 땅the earth이 둥글다' 또는 '지구가 태양의 주위를 돈다(지동설)' 같은 명제는 합리적 진리인가 사실적 진실인가? 이에 대한 답변으로 '지구 구형설'이나 '지동설'은 합리적 진리에 속하지만 '땅이 둥글다' 또는 '지구가 태양의 주위를 돈다'라는 명제는 사실적 진실에 속한다. 그러나 양자는 서로 뗄 수 없고 긴밀하게 의존하는 관계에 있다.

것이 과연 가능한가? 둘째, (나중에 자세히 논하겠지만) 북한 공산당에 의해 처형된 12인의 목사의 죽음을 둘러싼 아름답지 못한 진실을 일반 대중에게 드러내는 것은 (그것이 정치 공동체에 가져올 파장과 상관없이) 바람직한가?[4] 첫째 질문이 초월적 진리transcendental truth의 현대적 운명과 관련 있다면, 둘째 질문은 사실적 진실factual truth과 관련이 있다.[5] 《순교자》는 풀리지 않는 매듭처럼 복잡하고도 미묘하게 얽혀 있는 이 두 가지 질문을 추리소설을 방불케 하는 긴박감을 조성하며 집요하게 파고든다.

이 장의 목적은 《순교자》에 제시된 두 가지 질문을 중심으로 정치와 진리/진실의 관계를 분석하는 것이다. 이 문제의식은 다음과 같은 중요한 질문들을 불러낸다.[6] 서구 사상사에서 정치와 진리의 관계는 어떻게 전개되어왔는가? 현대의 정치 세계에서 진리/진실은 어떤 가치와 위상을 가지는가? 왜 우리의 정치 지도자들은 인민의 이름으로 인민을 속여야 하는가? 어떤 상황에서 인민을 속이는 것이 필요하고 또 정당화되는가? 우리는 정치 지도자들의 기만

---

4 이 글에서 자세히 다루지 않겠지만, 사실 이 질문은 김숙희 장관을 비판한 일간지의 두 가지 논지 가운데 논지 2와 긴밀한 관계가 있다.

5 초월적 진리와 사실적 진실에 대해서는 나중에 본격적으로 다룰 것이다.

6 김은국은 한국 출신이고 소설 《순교자》의 소재는 분명 '6·25전쟁'이지만, 그가 순교라는 묵직한 기독교적 주제를 다루고 있다는 점, 도스토옙스키·카뮈 등의 문학적 영향을 크게 받았고 《순교자》를 카뮈에게 헌정했다는 점, 《순교자》의 모두에서 횔덜린의 〈엠페도클레스의 죽음〉에 나오는 구절을 인용하고 있다는 점 등으로 미루어, 그의 문제의식과 지성사적 배경은 서구 사상사에 기초한다고 볼 수 있다. 이러한 맥락에서 다음 질문들은 나름의 타당성이 있다.

행위 이면에 있는 진짜 동기를 어떻게 확인하고 정당화할 수 있는가? 한 편의 글로 이 모든 질문에 충분히 답하기는 불가능하겠지만, 이번 장에서는 《순교자》가 던져주는 빛을 통해 이러한 문제들을 조명해보고자 한다. 설령 만족할 만한 답을 제시하지 못한다 하더라도, 이 글을 통해 오늘날 정치와 진리/진실의 관계에 대한 질문 수준을 한 차원 높일 수 있다면 필자는 만족할 것이다.

먼저 《순교자》를 읽지 않은 독자들을 위해 줄거리를 간략히 짚어보려 한다. 이어서 이 장의 주제인 정치와 진리/진실의 관계를 분석하기 위해 현대 사회에서 진리/진실이 처한 곤경을 간략히 논할 것이다. 그리고 이러한 논의에 기초해서 《순교자》를 중심으로 이 장의 주제인 정치와 초월적(종교적) 진리 사이의 긴장과 갈등, 그리고 정치의 상징적 활용으로서의 기만—정치와 사실적 진실(기만) 사이의 관계—을 논할 것이다. 마지막으로 결론에서는 《순교자》의 주인공인 신 목사의 죽음(순교)이 정치와 진리/진실의 화해하기 어려운 갈등에 대해 시사하는 바를 음미할 것이다.

2. 《순교자》, 신 없는 세계에서 진리/진실을 묻다

6·25전쟁이 시작되기 일주일 전, 평양에서 유명 목사 열네 명이 북한 공산당에 체포됐다. 그중 열두 명이 전쟁 발발 당일에 처형되었는데, 이들이 어떻게 최후를 맞았는지는 정확히 알려지지 않았

다. 소설은 전쟁이 시작된 바로 그날 평양에서 북한 당국이 처형한 12인의 목사들의 최후에 관한 진실은 무엇이고 일단 진상이 밝혀진 연후에는 그것을 사실대로 공개하는 것이 과연 바람직한가를 둘러싸고 전개된다.

유엔군과 남한군이 평양을 점령한 후 남한의 정보 부대에 특이한 임무가 맡겨진다. 공산당에 체포된 뒤 행방이 묘연해진 14인의 목사들의 행적을 조사하는 것이었다. 조사는 종교적 의도보다는 공산당의 잔악한 종교 박해와 비인도적 만행을 전 세계에 폭로하려는 정치적 목적을 띠고 있었다. 대학에서 문화사를 강의하다 전쟁 발발 후 입대한 이 대위가 수사를 맡게 된다. 이 대위는 소설의 화자이자 주인공이다.

수사가 진행됨에 따라, 12인의 목사의 최후가 짐작과 달리 성자다운 순교나 영웅적인 죽음과 너무나 거리가 멀었다는 사실이 점차 밝혀진다. 목사들의 처형에 관여했던 북한군 장교 정 소좌는 남한군 정보 부대에 체포되어, "위대한 영웅들"이자 "위대한 순교자들"로 일컬어진 그 목사들의 최후를 증언했다. 그의 말에 따르면, 목사들은 죽음 앞에서 신을 부정하고 서로를 비난했으며, 북한 공산주의자들의 고문과 신문에 굴복해 개같이 죽어갔다(140~141쪽).[7] 한 목사와 신 목사, 오직 이 두 사람만이 공산당의 처형을 모면했

---

7 《순교자》인용에 사용된 저본은 Richard E. Kim, *The Martyred*(New York : George Braziller, 1964)이다. 간혹 도정일이 옮긴 한국어판(문학동네, 2010)을 참조했다.

다. 한 목사는 14인의 목사 중 지도자 격인 박 목사의 총애를 한 몸에 받으면서 그를 열렬히 신봉했던 젊은 목사이다. 그러나 한 목사는 박 목사가 처형당하기 직전에 보인 행동으로 심한 정신적 충격을 받았다. 박 목사는 함께 처형당할 운명에 처한 일부 목사들로부터 마지막 순간에 자신들을 대표해 기도해달라는 요청을 받았는데, "정의롭지 못한 하나님에게 나는 기도하고 싶지 않아"라고 외치면서 신을 저주하며 그들의 요청을 거부했던 것이다(214쪽). 게다가 한 목사는 자신과 함께 목숨을 건진 신 목사로부터 더 이상 신을 믿지 않는다는 고백을 듣게 되었다. 연이은 충격으로 절망에 빠진 한 목사는 결국 실성하고 만다. 그래서 공산주의자들이 그를 처형하지 않고 남겨둔 것이었다. 한편 신 목사는 공산주의자들의 고문에 결코 굴복하지 않고 마지막까지 꿋꿋하게 버틴 유일한 인물이었다. 공산주의자들은 신 목사의 용기에 감탄해 그를 처형하지 않고 살려주었다.

여기서 문제가 발생한다. 목사들의 최후에 대한 진실을 알게 됐음에도 이에 아랑곳하지 않고 군 당국은 장 대령이 주도하는 가운데 순교자들에 대한 합동추도예배를 연다는 원래의 계획을 관철하고자 한다. 소설의 주요 인물들은 찬성과 반대로 나뉘어 서로 격렬하게 대립한다. 정치정보국장 장 대령은 추도예배의 일차 기안자이자 집행자다. 그는 기독교인들이나 군인들이나 궁극적으로는 공산주의자들에 대항해 싸운 이들이라고 생각해서, 12인의 순교자들을 공산당의 만행을 폭로하는 수단으로 선전하는 한편, 수난

당하는 기독교인들의 상징이자 '빨갱이'들에 대한 궁극적 승리의 상징으로 활용하고자 한다. 사실 그는 종교적 의미의 순교 자체에는 전혀 관심이 없고, 단지 죽은 목사들을 정치 선전에 이용하고자 할 뿐이다. 반면, 고 군목軍牧과 이 대위, 박 대위(박 목사의 아들이자 이 대위의 친구)는 그 계획에 격렬하게 반발한다. 그들은 종교적 순교가 정치적 명령과 계산에 의해서 날조돼서는 안 된다고 주장한다.

한편, 남한군과 유엔군이 평양에 들어온 이후 외부와의 접촉을 끊고 한동안 칩거하다가 다른 도시로 잠적하기도 했던 신 목사는 우여곡절 끝에 합동추도예배 계획을 승인하고 적극 참여함으로써 사람들을 놀라게 한다. 고 군목과 박 대위 역시 12인의 죽은 목사를 순교자로 숭앙하고 자신을 배신자로 규정하는, 예상을 뒤엎는 신 목사의 설교를 들은 뒤 그의 종교적 동기와 모범적 처신에 감동을 받고 심경 변화를 일으켜 결국 추도예배에 적극 참가한다. 오로지 주인공 이 대위만이 진실은 그것이 초래할 결과에 상관없이 밝혀져야 한다고 주장하면서, 시종일관 가장 완강한 반대자로 외롭게 남게 된다.

순교자들을 위한 합동추도예배 계획을 군과 기독교 단체가 공표한 후 12인 목사들의 순교는 기정사실화된다. 이 계획은 신 목사의 의사와 상관없이 추진된 것으로 신 목사의 적극 참가 여부가 처음부터 결정된 것은 아니었다. 애당초 신 목사는 자신은 공산군에 의해 분리 수용되었기 때문에 나머지 12인의 목사가 어떻게 되었는지 모른다고 딱 잡아떼기도 했다. 그러나 추도예배를 추진하는 과정에서 신 목사 역시 다른 목사들의 처형 현장에 함께 있었다는 사실이 대중에게 널리 알려지게 된다. 그러자 신 목사의 '운 좋은' 생존에 대한 신도들의 의구심이 걷잡을 수 없이 커진다. 급기야 일부 신도들은 순교한 목사들과 달리 신 목사가 하나님을 배신하고 살아남았다고 믿어 그의 집 앞으로 몰려가 '유다'라고 부르며 야유와 조롱을 퍼붓고, 심지어 돌을 던져 집의 기물을 파괴하기도 한다. 이 혼란의 와중에 놀란 한 목사는 신 목사의 집에서 뛰쳐나와 도망가다가 폭도들에게 두들겨 맞아 결국 죽음에 이른다. 당황한 신 목사는 고 군목과 함께 다른 도시로 몸을 피한 다음 고 군목을 통해 목사직 사임의 뜻을 밝힌다.

그러나 전쟁으로 인한 대중의 고통과 불행을 피신 중에도 계속 목격하게 된 신 목사는 결국 마음을 바꾸어 목사직에 복귀하고 합동추도예배에도 적극 참여하기로 결심한다. 추도예배와 그 후 열린 부흥회, 특별 기도회에서 신 목사는 공산주의자들에게 처형당한 12인의 순교자들을 찬양하며 그들에게 신의 영광을 돌리는 한편, 자신은 고문을 견딜 만큼 강하지 못해 그들의 성자다운 삶을 따르지 못한 죄인이라고 참회하면서 신도들에게도 회개할 것을 권한다.

신 목사, 박 대위, 장 대령은 소설 말미에서 죽음을 맞이한다. 중공군이 전쟁에 개입한 후 유엔군과 남한군은 평양에서 서둘러 후퇴한다. 신 목사는 이 대위가 여러 차례 간곡히 권유했음에도 불구하고 고난을 겪고 있는 신도들과 함께 있겠다며 평양을 떠나기를 거부한다. 결국 그는 중공군이 평양을 점령한 후 체포되어 감옥에 갇힌다. 신 목사의 최후에 대해서는 여러 가지 모순된 소문이 떠돌게 된다. 어떤 사람들은 그가 평양에서 처형되었다고 했다. 하지만 북한 피난민들의 다수는 자유로운 몸으로 살아가는 그를 북한 여러 곳에서 보았다고 주장했다. 박 대위는 전선에서 심한 부상을 입고 후송되었다가 병원에서 죽는다. 고 군목은 군 복무를 마치고 부산 근처의 작은 섬에서 북한 피난민촌 교회를 세운다.

한편 장 대령은 영웅적으로 죽음을 맞는다. 남만주 연안에서 첩보 작전을 수행하는 특수 부대의 지휘관으로서 직접 전투에 나설 필요가 없었음에도 대원들의 안전한 퇴각을 위해 마지막까지 북한군의 공격을 저지하다가 장렬하게 전사한다. 자신에게 요구된 임무 이상을 수행한 것이었다. 죽기 전에 그는 고 군목의 천막촌 교회를 위해 부족한 성경을 구입하는 데 보태라고 상당히 많은 돈을 맡겨놓기도 한다. 소설 전편에 걸쳐 진실을 밝혀야 한다고 가장 완강하게 주장했던 이 대위는 서울 근교에서 시가전을 벌이던 중 부상을 당하고, 나중에 부산 육군병원 요양소로 후송된다. 부산에서 그는 고 군목의 교회를 방문하는데, 예배에 참석한 후 바깥에 나가 밤하늘을 바라보다가 카뮈의 소설《이방인》의 뫼르소처럼 우주와의 신비스러운 교감을 경험한다.[8]

---

8 사실 김은국은 다음과 같은 헌사를 통해 이 소설을 알베르 카뮈에게 헌정했다. "낯선

이상으로《순교자》를 간략히 요약했는데, 사실 소설에서는 12인의 목사가 처형당하고 2인의 목사가 생존한 사건의 진실이 시종일관 어렴풋하게 베일에 가려져 있다. 이는 작가 김은국의 문학적 탁월성을 보여준다. 12인의 순교자에 대한 진실은 이야기가 전개됨에 따라 서서히, 조금씩 조금씩 밝혀진다. 하지만 14인의 목사가 북한 공산군의 고문과 처형 앞에서 어떻게 처신했는지는 결코 완전하게 드러나지 않는다. 독자가 할 수 있는 일이란 기껏해야 진실의 조각들을 끼워 맞추어 전체의 윤곽을 어설프게 그려보는 것뿐이다. 이러한 진실의 편린들은 초연하고 객관적인 관찰자를 통해 드러나지 않고, 주요 인물들의 대화가 진행됨에 따라 주관적인 기억과 의견, 추측과 고백 등을 통해 드러난다. 이는 사실적인 진실이라는 것이 얼마나 훼손되기 쉬운 것인지, 그리고 허약한 인간의 기억에 얼마나 깊이 의존하는 것인지를 보여준다.

김은국은 진리/진실의 신비스러운 성격을 문학적 장치를 통해서도 드러냈다. 말하자면 종탑, 종소리, 교회당이라는 상징과 그것에 대한 다양한 인물들의 상이한 태도를 통해서 진리/진실을 묘사했다. 종탑은 박 목사가 몸담은 교회인 중앙장로교회에 있는데, 교회는 폭격으로 거의 다 무너졌다. 홀로 남은 종탑은 진리/진실에 대해 서로 다른 입장을 취하는 등장인물들에게 각자의 성향에

형태의 사랑a strange form of love'에 대한 통찰을 통해서 나로 하여금 한국 전선의 참호와 벙커에서의 허무주의를 극복하게 해준 알베르 카뮈에게."

걸맞은 의미와 메시지를 던져준다. 호기심에 가득 차 진리/진실을 추적하는 이 대위에게 외로이 울리는 종소리는 순교자들의 진리/진실을 신비스럽게 계시하는 것처럼 들린다. 순교자들에 관해서 아무것도 모르는 보통 사람들에게 종소리는 종교적 경외감을 불러일으킨다. 한 등장인물은 이 대위와 대화하는 가운데 무의식적으로 12인의 순교자를 둘러싼 진리/진실과 종탑의 상징적 관계를 암시한다. "아무도 그걸〔종을〕 만지지 않소. 그저 바람이 불어서 울리는 게요……거긴〔종탑에는〕 아무도 올라갈 수 없소. 층계가 날아가 버린데다, 그렇다고 사다리를 쓰기도 너무 위험하오. 탑은 언제 무너질지 모르오."(24쪽).

반면 정치적 선전을 위해서 12인의 목사를 순교자로 만들고자 부심하는 장 대령에게 종소리는 참을 수 없을 만큼 거슬린다. 정신이 나간 한 목사는 교회 주변을 배회하면서 기도한다. 이 장면은 그가 따랐던 박 목사가 최후의 순간에 기도를 거부한 사실을 상기시키는 듯하다. 나중에 12인의 목사가 순교자로서 최후를 맞았다고 알려진 중앙장로교회는 기독교인들에게 순례의 장소가 된다. 그러나 중공군과 북한 공산군의 평양 점령 때 교회는 폭격으로 완전히 파괴되고 만다. 거의 파괴되지 않은 신 목사의 교회와 대부분 파괴된 박 목사의 교회는 초월적(종교적) 진리에 대한 두 목사의 상이한 태도와 대조적인 운명을 상징하는 것처럼 보인다. 이러한 문학적 장치와 상징적 구도는 현대 세계에서 진리/진실이 처해 있는 곤경을 잘 보여준다.

3. 진리/진실 그리고 현대의 곤경

1장에서 논한 것처럼 아렌트는 〈진리/진실과 정치〉라는 논문에서 '합리적 진리'와 '사실적 진실'을 구분했다. 필자는 이에 더하여 '초월적(종교적/철학적) 진리'라는 구분도 추가하고자 한다. 아렌트에 따르면 합리적 진리는 수학적 진리, 과학적 진리, 철학적 진리를 말한다. 따라서 유클리드 기하학, 아인슈타인의 상대성 이론, 플라톤의 이데아론 등이 합리적 진리의 범주에 속한다. 아렌트에게 합리적 진리란 견고한 논증이나 추론, 엄밀한 실험으로 접근하거나 구성할 수 있는 것인 셈이다. 반면에 사실적 진실은 일상적 사건, 역사적 사실, 우리의 의견과 관계된 것으로, 집단적 기억이건 개인적 기억이건, 우리의 기억에 의존한다(Arendt 1977, 231쪽).[9]

한편, 종교적/철학적 진리는 신의 계시나 철학적 관조를 통해서 인간에게 드러나고 알려진다. 아렌트는 철학적 진리를 합리적 진리의 일부로 분류했지만, 필자가 보기에 철학적인 진리들은 별도의 독립 범주를 구성하는 것이다. 비록 철학적 진리의 일부가 '합리적' 진리에 근접한다 할지라도, 대부분의 철학적 진리들(예컨대 플라톤의 이데아론, 사회계약론, 자연법 이론 등)과 종교적 진리들은 견고한 논증이나 추론, 엄격한 실험으로도 그 진위를 검증할 수 없

---

9 따라서 아렌트는 그리스 역사학의 기원을, 훼손되고 상실되기 쉬운 기억으로부터 사실적 진실을 보존하려는 그리스인들의 노력에서 찾는다(Arendt 1977, 41~90쪽).

기 때문이다. 따라서 그것들은 독자적인 범주에 속한다고 할 수 있으며, 다른 말로 '초월적transcendental 혹은 형이상학적metaphysical 진리/진실'이라고 부를 수 있을 것이다.

그렇다면 정치권력은 이 세 종류의 진리/진실과 어떤 관계에 있을까? 뉴턴 물리학이나 플라톤의 이데아론, 기독교의 구원관 같은 합리적 진리, 초월적(철학적/종교적) 진리는 함부로 부정될 수 없는 것으로서, 정치권력이 손대기 어려운 영역으로 인식된다. 이와 달리 사실적 진실은 정치권력이 쉽게 왜곡할 수 있다. 아렌트에 따르면 "사실facts과 사건events은 인간의 정신에 의해 만들어진 공리들과 발견들과 이론들—심지어 가장 사변적인 이론들—보다 훨씬 더 부서지기 쉬운 것이다. 사실과 사건은 항상 변화하기 마련인 인간사의 영역에서 발생하기 때문이다"(Arendt 1977, 231쪽). 그러므로 그는 "권력의 맹렬한 공격으로부터 사실적 진실이 살아남을 가능성은 실로 매우 희박하며, 따라서 사실적 진실은 교묘한 술책에 의해, 일시적으로만이 아니라 잠재적으로는 영원히, 세계의 바깥으로 추방될 위험에 항시 처해 있다"라고 지적한다(Arendt 1977, 231쪽). 일단 사실적 진실이 상실되면 어떠한 합리적 노력으로도 그것을 되찾을 수 없다. 물론 합리적 진리가 상실된 경우에도 회복 가능성은 높지 않을 것이다. 그렇다 하더라도 합리적 진리는 사실적 진실보다는 회복 가능성이 높다. 합리적 진리는 견고한 논증이나 추론에 의존하는 합리적인 것인 데 반해 사실적 진실은 본성상 우연성을 띨 수밖에 없으며, 항상 변화하는 우리의 기억에 자기 존재를 의탁하기 때문이다(Arendt 1977, 231~232쪽).

　현대에 과학 기술이 획기적으로 발전하면서 오늘날 합리적 진리는 환영과 존중을 받는 반면, 초월적 진리와 사실적 진실은 전례 없는 곤경에 처해 있다. 초월적 진리와 사실적 진실은 어찌하여 곤경에 처하게 되었는가? 우선, 서구적 세계관이 지배적인(일반화된) 오늘날의 정치 사회에서 초월적 진리가 처한 곤경에 대해 생각해 보자. 이를 이해하기 위해서는 먼저 고대 그리스에서 (자연철학[10]과 대조되는) 정치철학이 어떻게 탄생했는지를 검토할 필요가 있다. 기원전 5세기에 그리스에서 정치철학이 탄생했다. 이는 인간 사회가 신적 질서 및 물리적 자연과 분리되어 있으며 자율적인 작동 원리를 갖고 있다는 인간 의식의 비약적 진전에 힘입은 것이었다. 곧 자연철학과는 별개로 정치철학이 탄생한 데는 자연계와 구분되는 인간 사회를 인간의 이성에 의해 이해할 수 있으며 따라서 인간의 기예에 의해 축조할 수 있다는 인식과 믿음이 전제돼 있었다. 이러한 인식은 인간 지성의 놀라운 성장을 표상했지만, 동시에 신적 질서와 물리적 자연으로부터 인간이 소외되는 현실을 상징하는 것이기도 했다.

　따라서 이후 많은 정치철학자들은 형이상학적 진리와 신적 원칙들을 재포착하려 노력했으며, 재포착된 진리와 원칙에 따라 인간 사회를 조형함으로써 소외를 극복하고 인간 사회와 우주적·신

10　고대 그리스에서 자연철학이 누렸던 지위는 오늘날 자연과학이 계승했다고 할 수 있다.

적 질서 사이에 존재하는 균열을 메우고자 집요하게 노력했다(월린 2007, 66~75쪽). 정치철학에서 부단히 논의되는 인간의 본성, 자연 상태, 자연의 원리 등은 이러한 노력을 표상한다. 대표적으로 플라톤의 《국가》나 아리스토텔레스의 《정치학》 역시 그러한 노력의 결과물이라고 할 수 있다. 요컨대 그리스 정치철학은 자연을 지배하는 원리와 동일한 또는 유사한 불변의 진리에 따라, 끊임없이 불안하게 변전變轉하는 유동적인 정치 사회에 항구적이고 이상적인 질서를 부여하려는 이론적 충동의 소산이었다.

근대 이전의 중세 기독교 사회에서도 서구인들은 천지만물이 기독교적 신에 의해서 창조되고 질서가 부여되었으며, 정치 사회는 신의 보호를 받고 있다고 믿었다. 또한 인간을 안정된 신적 질서에 참여하는 존재로서 천동설에 따라 우주의 중심에 위치시켰다(Pitkin 1972, 317쪽). 신본주의에서 인본주의로 이행한 세속적인 근대에 들어와서도 서구인들은 자연법, 절대적 이성, 인간의 본성, 과학적 원리 같은 초월적 원리나 철학적 진리에 따라 정치 사회를 구축하면 인간사의 지속적인 혼란과 항상적인 변화에 대항할 수 있는 안정되고 조화로운 정치 질서가 보장되리라 믿었다. 서구인들에게 진리는 인간의 영역 밖에 독자적·초월적으로 존재하는 이미 확립된 질서를 의미했다. 전체적으로 서구인들은 "인간의 인지적 기제 자체가 앎의 대상의 품성과 속성을 조건 짓지는 않는다"고 생각했기 때문에 "과학, 철학, 신학의 방법에 의해 발견된 것들은 인간의 마음에 따라 만들어진(구성된) 것들이 아니라 발견자와 무관하게 독립적으로 존재하는 질서의 충실한 반영 내지 표상이라고 믿었다"(Schaar 1981, 28쪽).

그러나 19세기 이래 세속주의가 만개하고 과학 기술이 눈부시게 발전하면서 인간 자신과 형이상학적 진리, 나아가 여타의 초월적 질서에 대한 서구인들의 환상이 송두리째 깨져버렸다. 과학 기술은 인간과 그들이 거주하는 세계를 적나라하게 발가벗겼다. 코페르니쿠스, 다윈, 마르크스, 니체, 프로이트, 아인슈타인 등은 모든 종교와 이데올로기, 형이상학적 절대 기준들에 의문을 품게 했다. 그 결과 인간은 심지어 과학적 진리까지 포함해 모든 진리가 "발견된 것이 아니라" 인간이 만들어낸 것이라는 의심을 떨쳐버릴 수 없게 되었다(Pitkin 1972, 317쪽). 오늘날 대다수의 사람들은 형이상학적 진리나 종교적 진리를 목숨을 걸 만한 대상으로 진지하게 받아들이지 않는다. 이러한 상황이 바로 현대에 초월적 진리가 처한 곤경이다.

이 곤경의 심각함은 지난날 인간의 행위에 안정된 배경과 기준을 제공했던 초월적 진리에 대한 신념을 상실함에 따라 인간의 경험이 갑자기 안정된 의미를 박탈당한 채 혼돈에 빠지게 되었다는 데 있다. 인간은 영구적 질서와 초월적 의미를 갈구했지만, 결국 이 세계에는 신이 부여한 절대적인 의미가 없다는 사실을 받아들이게 되었다. 인간의 세계 역시 부서지기 쉬운 인간의 관행과 제도에 의존할 뿐이다(Pitkin 1972, 316~319쪽). 이 점에서 아렌트는 서구 정치철학의 탄생 때부터 존재했던 철학과 정치의 오래된 갈등이 초월적이고 형이상학적인 진리가 세상사에 더 이상 간섭하지 않게 되고 행위 지침으로서 효력을 상실함에 따라 해소되었다고 주장한다(Arendt 1977, 232~236쪽). 이제 곧 살펴보겠지만, 이처럼 초월적 진리의 상징인 신이 더 이상 존재하지 않게 된 니체 이후의 세계에서 기독교적 진리가 처하게 된 이러한 곤경은 김은국의《순교자》에도 생생히 묘사되어 있다.

이와 대조적으로, 정치권력과 사실적 진실 간의 갈등은 현대 세계에서 갈수록 증대되고 있다. 정치인들이 고의로 사실적 진실에 대해 거짓말을 하는 것이 현대 사회에 새삼스럽게 나타난 현상은 아니다. 과거에도 정치 지도자들은 거짓말을 했다. 하지만 대부분 특정한 사실들에 관한 거짓말이었고, 그나마 외부의 적을 상대로 한 것이었다(Arendt 1977, 253쪽). 그러나 대중 사회의 도래와 더불어 사실적 진실에 관한 거짓말도 양상이 달라졌는데, 이는 아렌트가 지적하는 것처럼 "조직화된 거짓말하기", "탈사실화", "현대사 다시 쓰기", 정치권력에 의한 "모든 종류의 이미지 만들기" 등에서 여실히 드러난다. 현대의 정치적 거짓말은 "원래 비밀이 아닌, 사실상 모든 사람들에게 알려진 것들"을 다룬다(Arendt 1977, 252쪽). 요컨대 그런 거짓말들은 국내 소비용으로 만들어진 것들이다. 이 모든 거짓말들은 끊임없는 대중 조작과 선전을 통해 바야흐로 진실을 완벽하게 대체하는 지경에 이르렀다. 이처럼 사실적 진실과 우리 삶의 구조 자체를 체계적으로 파괴하는 행위는 오늘날 통신 기술과 대중 매체의 눈부신 발전으로 가능해졌다. 대중적 차원에서 정치적 거짓말을 할 필요성은 전쟁이나 혁명기에 대중의 사기를 유지하거나 대중의 지지를 끌어내려 할 때 특히 절박해진다. 《순교자》는 현대 정치권력의 수중에 놓인 사실적 진실의 위태롭고 무력한 처지를 6·25전쟁이라는 소재를 통해서 다루었다.[11]

4. 《순교자》에 나타난 정치와 초월적 진리 사이의 긴장

세계를 도탄에 빠뜨리는 부정의한 정치와 초월적(기독교적) 진리 사이의 충돌과 갈등은 《순교자》 전편에 걸쳐 일종의 집요저음執拗低音으로 울리고 있다. 또한 이 기본 주제는 다양한 주요 인물들 사이에서 역동적인 긴장감을 불러일으킨다. 전쟁이 불러온 공포, 부정의, 굶주림, 그리고 돌발적이고 무의미한 죽음을 목격해온 그들은 기독교인이건 아니건 박 대위가 내뱉은 말처럼 "왜 우리는 세상에서 그토록 많은 부정의와 비참함을 겪어야 하는가? 왜 우리는 고난을 감당해야 하는가?"라는 의문을 품으며 절망한다(227쪽).

---

11 91년 5월투쟁을 분석한 1장에서 상세히 논한 것처럼, 당시의 '강기훈 유서 대필 사건'은 정부(검찰 기관)와 언론에 의한 조직적인 거짓말 꾸미기가 '무력한' 진실을 완벽히 제압한 사건이라 할 수 있다. 권력에 의한 조직적인 거짓말 하기는 전쟁 때나 혁명기뿐만 아니라 정권의 정당성이 위기에 처했을 때도 집권 세력이 이른바 '국면 전환'을 위해 흔히 사용하는 국가 통치술이 되어가고 있다.

신 목사 역시 기독교 신도들을 포함한 많은 사람들을 고통으로 몰아넣는 부정의를 두고 심각하게 고뇌한다. 자신의 신앙을 입증하기 위해서는 이 세상의 고난을 감당해야 한다는 기독교적 진리는 전쟁의 적나라한 부정의에 직면해 고통 받고 있는 많은 기독교인들을 심각한 시험에 빠뜨리고 있었다. 그리하여 이 대위가 신 목사를 처음 만난 날 "목사님의 신은 그의 백성들이 당하고 있는 고난을 알고 있을까요?"라고 물었을 때 신 목사는 아무런 대답도 할 수 없었다(37쪽).

나아가 신 목사는 자신이 살아남은 이유에 대해 "신의 개입" 덕택이라고 말하면서, 만약 신을 믿지 않는 이 대위라면 "행운이라고 부를 만한 이유"로 그렇게 되었다고 체념조로 덧붙인다(33~34쪽). 또 다른 장면에서는 신 목사는 이 대위에게 자신의 생존은 거의 기적에 가깝다고 말하고는, 곧이어 "기적"이란 오늘날 이해하기 어려운 말이 되었다고 중얼거린다(55쪽). 기독교인에게 어떤 사건을 기적으로 만드는 것은 그의 신앙이다("신앙의 힘은 산을 옮긴다"). 따라서 이러한 언급들을 통해 신 목사는 자신의 신앙이 독실하지 못하다는 점을 암묵적으로 시인한 셈이었다. 소설이 끝날 즈음에 그는 마지막으로 이 대위에게 자신의 신앙의 진리/진실을 털어놓는다. "대위, 평생 동안 나는 신을 찾아 헤매었소. 그러나 내가 찾아낸 것은 단지 고통 받는 인간……죽음, 비정한 죽음뿐이었소!……그리고 〔죽음 다음에는〕 아무것도 없소! 아무것도 없소!" (256쪽). 겉으로 신 목사는 그지없이 평온해 보였지만, 실은 영혼을 쥐어짜는 가혹한 고뇌에 시달리고 있었던 것이다.

신 목사가 나중에 이 대위에게 토로한 바에 따르면, 신 목사는 아내와 한 목사에게 자신의 무無신앙 또는 무신론을 고백한 적이 있었다. 하지만 두 경우 모두 파국을 낳았다. 신 목사는 자식이 죽자 이 비극을 오직 자신의 죄로 돌리면서 기도와 금식에 모든 시간을 바치는 아내를 보았다. 그리고 신에 대한 아내의 노예 같은 헌신과 애처로운 기도에 분노를 느꼈다. 그는 저세상이라는 것은 없기 때문에 아이를 다시는 보지 못할 것이라고 아내에게 말했다. 아내는 그처럼 끔찍한 상상을 감당할 수 없었고, 절망에 사로잡혀 병석에 누웠다. 결국 신 목사의 아내는 아이가 죽은 지 몇 주 지나지 않아 세상을 떠났다. 이 일로 신 목사는 다시는 자신의 은밀한 신앙의 진리/진실을 밝히지 않겠다고 맹세했다. 그럼에도 불구하고 박 목사의 최후를 보고 심각한 충격을 받은 한 목사에게 다시 한번 자신의 무신앙을 고백했는데, 한 목사 역시 이를 견디지 못하고 실성해버렸다(265~266쪽). 이처럼 두 번의 치명적 실수를 저지른 신 목사가 이제 자신의 신앙에 대해 발설하지 않겠다고 다짐하는 것은 당연했다.

신에게 계속 기도하면서도 신 목사는 여기저기서 고통을 안겨주는 세계의 부정의가 신의 진리와는 무관하다는 생각에 절망한다. 만약 세계를 도탄에 빠뜨린 부정의가 인간의 굳건한 신앙을 통해 궁극적이고 영원한 신의 정의(진리)와 연결되지 않는다면, 이 세계의 고통은 의미를 상실할 수밖에 없기 때문이다. 달리 말하자면 신 목사는 막스 베버가 일컬은 "신정론神正論의 오래된 문제", "곧 어떻게 해서 전능하고 자비로운 신이 부당한 고통, 처벌받지 않는 부정의, 치유할 수 없는 어리석음으로 가득 찬 비합리적인 세계를 창조하게 되었는가 하는 문제"를 두고 고뇌하고 있었던 것이다(Weber 1958, 122쪽). 요컨대 신 목사는 신의 정의의 불가사의함을 근본적으로 회의했고, 그로 인해 이 대위에게 고백했듯이 신앙을 잃고 더 이상 신의 존재를 믿지 않게 되었던 것이다.

그러나 신 목사가 신에 대한 강한 회의에도 불구하고 여전히 목사로 남아 있었다는 역설적인 사실은 그에게 신화 속의 시시포스[12]와 유사한 면이 있음을 시사하는 것 같다. 《시시포스 신화》에서 카뮈는 시시포스의 부조리하고도 영웅적인 태도를 통해서 신 없는 세계라는 현대의 곤경을 극복하고 고통 받는 인류의 존엄성을 회복시키고자 했다.

> 만약 그 신화가 비극적이라면, 이는 주인공의 의식이 깨어 있기 때문이다……신들 중에서도 프롤레타리아요 무력하지만 동시에 반항적인 시시포스는 자신이 처한 비참한 상황의 전모를 알고 있다. 그것은 그가 [산을] 내려오면서 생각하는 것이다. 그에게 고뇌를 안겨주었던 명징한 통찰이 그의 승리를 완성할 것이다. 경멸을 통해 극복할

---

12 시시포스는 그리스 신화에 나오는 인물로, 저승에서 영원히 끝나지 않을 벌을 받았다. 큰 돌을 가파른 언덕 위로 밀어 올리는 벌이었는데, 애써 돌을 정상에 올려놓아도 돌은 다시 굴러떨어지기 마련이어서 다시 처음부터 돌을 밀어 올리기를 반복해야 하는 운명이었다.

수 없는 운명이란 없다. (Camus 1955, 89~90쪽)

카뮈의 시시포스는 삶의 보편적인 고통 속에 내던져진 필멸必滅의 존재인 인간의 비극적 인식을 표상한다. 여기서 시시포스는 이해할 수 없는데다 잔인하기까지 한 운명을 의식적인 경멸을 통해 극복한다. 카뮈는 "우리는 시시포스가 행복하다고 상상해야 한다"라고 힘주어 말한다(Camus 1955, 89~90쪽). 그는 시시포스에게 홀로서기를 할 수 있는 확실한 힘을 부여하고 있는 것이다.

현대의 대중은 부조리한 진리—우리가 보편적 고통 속에 살고 있다는 비극적 인식—가 부과하는 엄청난 부담을 감당하면서 시시포스처럼 홀로서기를 할 수 있는가? 신 목사는 무의미한 동족상잔의 전쟁과 광란의 이데올로기 대립에 의해 찢긴 세계를 대중들이 시시포스처럼 아무런 환상 없이 직면하도록 허용해야 하는가? 이 문제에서 신 목사, 고 군목, 장 대령, 박 대위는 이 대위와 궁극적으로 의견을 달리한다. 처음부터 신 목사는 대중이 12인의 목사의 죽음에 대한 (추악한) 진실을 알고 싶어 하지 않으리라 믿으면서 그들의 최후에 대해 침묵했다.

그런데 교인들의 핍박으로 한때 피신했다가 평양으로 돌아온 신 목사는 여기서 한 걸음 더 나아갔다. 추도예배에 참석하여 전쟁 중에 겪은 고난으로 인해 절망에 빠진 신도들에게 보다 적극적으로 거짓말을 하기로 결심한 것이다. 그러한 거짓말을 통해 신 목사는 절망으로부터 벗어날 수 있는 영원한 희망에 대한 '환상'—육신의 부활, 하나님의 영원한 왕국, 하나님의 정의 등—을 대중에게 심어주고자 했다. 이제 그의 주된 관심사는 신이 약속한 '영원한 삶'이라는 초월적 진리 자체가 아니라 '지금 이곳의 삶'으로, 즉 전쟁의 포화에서 살아남은 사람들이 직면한 절망의 '현세적 수습'으로 전환되었다. 따라서 신 목사는 '현세(지금 여기)에서 정의를 구현하려는 인간의 갈망'과 '자신의 신앙을 증명하기 위해서는 고통 받아야 한다는 기독교적 진리'가 빚어내는 갈등을, 대중에게 무신론에 관한 경악스러운 진리를 말하는 대신 영원한 정의에 대한 환상을 심어줌으로써 해소하고자 했다.

이와 대조적으로 이 대위는 12인의 목사의 최후에 관한 사실적 진실이 아무리 추악할지라도 대중과 그들의 기독교적 신앙에 미칠 파장과 상관없이 공개되어야 한다고 강경하게 주장한다. 이 대위 역시 스스로 결코 정당화할 수 없는 전쟁의 참담함과 부정의로 고통을 겪고 있었다. 그는 무의미하고 참혹한 전쟁에 경악한 나머지 신의 정의를 의심했다. "목사님의 신이건 그 어떤 신이건 세상의 모든 신들이 과연 우리에게 관심이나 있습니까? 당신의 신은 우리의 고난을 이해하지도 못할뿐더러 우리의 비참함, 살육, 인민의 굶주림, 전쟁, 전쟁 그리고 이 모든 끔찍한 일들에 눈 하나 깜짝 안 합니다!"(255쪽). 따라서 그는 모든 인간은 누구 하나 예외 없이 신이 없는 세상과 무의미한 삶을 살고 있으며, 누구나 그러한 사실을 직시해야 한다고 강변한다. 그는 대중이 이를 감당할 수 있다고 믿고 싶어 한다. 그리고 삶을 보다 부드럽고 참을 만한, 심지어 의미 있는 무언가로 만들려는 모든 가식과 고상한 거짓말을 의심하며 냉엄한 진실을 은폐하는 신화들에 비판적인 태도를 견지한다. 그는 이러한 것들이 인간의 고통과 비참, 자기기만을 정당화하고 영속화하는 자기 위안적 환상에 불과하며, 이로부터 대중을 해방시키는 것이 급선무라고 주장한다.

기본적으로 이 대위는 모든 인간이 카뮈의 시시포스처럼 행동해야 한다고 주장한다. 그는 인간의 결함과 연약함, 또는 이러한 영웅적 과제를 수행할 능력의 차이를 고려하지 않는다. 구체적인 상황을 염두에 두지 않으며, 자신이 특정인과 같은 상황에 처했으면 어떻게 하겠느냐는 질문을 받을 때마다 그저 '진리/진실은 말해져야 한다'는 말만 되풀이한다. 그는 구체적인 행위자나 특정한 상황을 언급하지 않고 자기 주장을 편다. 그런 이 대위의 비타협적인 태도를 박 대위는 다음과 같이 힐난한다. "넌 단지 말로만 그들을 이해하는 거야. 넌 그들의 고통과 절망을 초연하고 지적인 시각에서 바라볼 뿐이야. 넌 단순히 동정적인 관찰자에 불과하기 때문이지"(159쪽). 그는 현실의 바깥에 머무르면서 도덕주의적moralistic 태도를 유지한다. 이는 공적인 영역에서는 비정치적이거나 반정치적인 태도로 드러난다.

신 목사는 한 가지만 빼고 모두 이 대위에게 동의할 것이다. 대중은 환상 없이는 (비정한) 진리/진실을 직시할 수 없다는 것이다. 따라서 이 대위가 12인의 목사의 최후에 대한 진실을 사람들에게 말할 것을 요구했을 때, 신 목사는 "젊은 친구, 그들이 진실을 원하지 않을지도 모른다는 생각을 해본 적이 없소?"(103쪽) 하고 반문했다. 그는 이 대위가 보통 인간의 결함과 연약함을 고려하지 않은 일종의 '신념 윤리ethics of conviction'[13]를 추구하고 있으며, 대중은 시시포스처럼 홀로서기를 할 수 없다고 주장한다. "대중은 그것[십자가]을 질 수 없소. 그리스도를 필요로 하는 사람들은 바로 그들이오. 우리는 그들에게 그들의 그리스도와 그들의 유다를 주어야 해요"(257쪽). 신 목사의 이러한 태도는 자신의 무신론을 아내와 한 목사에게 고백한 데 따른 충격적인 결과에서 비롯된 것이기도 했다. 그들이 시시포스처럼 부조리한 고통을 견뎌낼 수 없다는 사실을 알게 되었던 것이다. 결국 신 목사는 사람들이 끝없는 절망에 빠지지 않도록 한 가닥 희망을 심어주기 위해, 진리/진실을 말하는 대신 거짓말을 하기로 결심한 것이었다.[14]

신의 정의는 최선의 경우에도 거의 불가사의하고, 최악의 경우에는 존재하는지조차 매우 의심스럽지만, 우리는 고통 받는 대중

---

13 여기서 '신념 윤리'는 막스 베버의 구분에 따른 것이다. 베버는 〈소명으로서의 정치 Politics as a Vocation〉에서 '신념 윤리ethics of conviction'와 '책임 윤리ethics of responsibility'를 구분한다. 신념 윤리는 인간이 선하다는 가정에서 출발해, 동기가 선하면 주어진 행위는 결과에 상관없이 선하다고 보는 것이다(Weber 1958, 120~127쪽). 이에 반해 책임 윤리는 인간은 다른 인간의 평균적인 악을 전제하고 이를 감안해 행동해야 하며, 따라서 동기의 선함보다는 결과의 선함이 더 중요하다고 보는 것이다. 12인의 목사의 최후가 추악한 진실을 내포하고 있더라도, 대중에게 미칠 충격과 상관없이 진실을 드러내야 한다는 이 대위의 입장은 평균적인 인간의 연약함을 고려하지 않는 신념 윤리에 근접해 있다.
14 신 목사 자신의 절망은 어떻게 할 것이냐는 이 대위의 질문에 신 목사는 이렇게 대답한다. "그것[신 목사의 절망]이 내가 진 십자가네. 나는 그것을 홀로 감당해야 하네"(256~257쪽). 신 목사의 이러한 답변은 시시포스를 연상시킨다.

을 위한 신 목사의 희생적 헌신에서 여전히 작동하고 있는 (무신론적) 실존주의적 정의의 원리를 만나게 된다. 카뮈의 소설《페스트》에서 화자이자 주인공 타루가 페스트에 감염된 환자들을 헌신적으로 돌보는 의사 리외에게 한 말을 상기하면 이 실존주의적 정의를 이해할 수 있을 것이다.

그것이 내가 "질병이 있고 희생자들이 있다, 그 이상은 없다"라고 말하는 이유입니다……나는 우리가 제3의 범주를 보태야 한다고 생각하는데, 이는 진정한 치료사를 말합니다. 그러나 우리는 대부분의 경우 그러한 치료사를 많이 만나지 못합니다. 그리고 여하튼 그것은 매우 힘든 소명임이 분명합니다. 그렇기 때문에 나는 모든 곤경에 있어서 희생자들의 편에 서서 피해를 줄이기로 결심했습니다. 그들 중에서 나는 적어도 제3의 범주, 곧 평화를 얻을 방법을 찾아내고자 노력할 수 있습니다. (Camus 1947, 230쪽)

우리는《순교자》의 신 목사를 성직자의 옷을 입은《페스트》의 리외로 바꿔볼 수 있다. 이제 신 목사와 리외에게서 정의는 정치 공동체의 제왕적 원리―성취와 실패에 따라 공동체 구성원들에게 응분의 보상과 처벌을 분배하는 원리―라는 과거의 지위로부터 인간의 고통을 분담하고 덜어주는 원리라는 보다 겸허한 지위로 내려오게 된다.

5. 정치의 상징적 활용으로서의 기만
— 정치와 사실적 진실

거짓말을 통해 12인의 목사들을 순교자로 만들고 자신을 배신자로 규정한 신 목사의 결정을 이해하기 위해서는 '정치의 상징적 활용으로서의 기만'이라는 주제에 주목할 필요가 있다. 마키아벨리는 이 주제를 가장 인상적으로 강조한 정치사상가다. 마키아벨리는 《군주론》에서 플라톤적 유토피아 사상의 허구성을 폭로하면서, "'인간이 어떻게 살고 있는가'는 '인간이 어떻게 살아야 하는가'와는 너무나 다르기 때문에, 일반적으로 행해지는 것을 행하지 않고 마땅히 행해야 할 것을 해야 한다고 고집하는 군주는 권력을 유지하기보다는 잃기 십상"이라고 주장했다(마키아벨리 2008, 105~106쪽). 따라서 권력을 유지하기 위해서 "군주는 상황의 필요에 따라서 선하지 않을 수 있는 법을 배워야만" 한다(마키아벨리 2008, 106쪽).[15] 나아가 마키아벨리는 '덕virtù'이라는 단어의 통상적 의미마저 변형시켰다. 그가 사용하는 덕의 개념은 기독교적 덕이나 키케로가 말하는 윤리적 덕의 개념과 단절되어 있으며, 오히려 정치가로서 군주에게 요구되는 '역량' 또는 '기량'의 개념과 유사하다. 즉 마키아벨리에게서 덕은 '남성다움', '용감함', '군사적 용

---

[15] 군주에 대한 마키아벨리의 통찰은 교황을 포함한 기독교 지도자들, 현대 대중 사회의 정치 지도자들에게도 적용할 수 있다.

맹', '신중함' 등과 통하는 개념이다. 따라서 군주는 상황에 따라 필요하다면 '잔인한 조치를 취하는 것', '단호하고 과감하게 처신하는 것', '약속을 지키지 않는 것' 등도 개의치 말아야 한다.

동시에 군주는 이러한 악덕에 결부되는 나쁜 평판과 인민의 증오나 경멸을 피하는 법을 알고 있어야 한다. 마키아벨리는 군주가 자신이 권고하는 악덕 자체 때문이라기보다는 오히려 나쁜 평판이나 증오로 인해 나라를 잃는다고 주장한다. 따라서 군주는 나라를 지키기 위해 필요한 경우에 악덕을 저지르는 데 개의치 않는 한편, 가급적 좋은 외양을 유지하는 것이 중요하다(마키아벨리 2008, 107·121~122쪽 등). 다시 말해 군주는 "자비롭고 신의가 있고 인간적이고 정직하고 경건한 것처럼" 보여야 한다고 강조한다(마키아벨리 2008, 120쪽). "모든 사람들이 당신이 밖으로 드러낸 외양을 볼 수 있는 반면에 당신이 진실로 어떤 사람인가를 직접 경험으로 알 수 있는 사람은 소수에 불과"하기 때문에 인민의 선의와 호감을 유지하는 데는 외양이 실재보다 더 중요하다(마키아벨리 2008, 121쪽).

요컨대 마키아벨리 주장의 핵심은 군주란 위선적이어야 한다는 것이다. "위선은 악덕이 덕에게 바치는 제물이다"라는 영어 속담이 있다. 이 속담이 시사하는 바처럼, 위선은 사회의 주류적 가치를 확인하고 강화함으로써 적어도 단기적으로는 사회를 안정시키는 속성이 있다. 따라서 위선은 사회의 지배 규범에 직접 도전하는 소크라테스식 문제 제기보다 사회에 덜 위협적이다. 신성모독이

신의 존재를 부인하기보다는 여전히 인정하듯이, 위선은 악덕에 대한 (사회의) 지배적인 덕의 윤리적 우위를 인정하는 셈이기 때문이다. 따라서 마키아벨리에 따르면 군주의 행위는 비록 도덕적 원칙의 규제에서 해방되긴 하지만, 선한 외양을 유지해야 한다는 필요에 의해 억제된다.

플라톤이 지적한 것처럼 외양은, 항상 변전하고 일시적이고 변덕스러운 의견opinion의 영역에 존재한다. 선한 평판을 유지하는 것은 멀리 떨어져서 지켜보는 인민의 의견에 달려 있기 때문에, 군주는 실제로 선한 행위를 하기보다는 자신의 행위를 선한 외양으로 치장하는 것으로 족하다. 그렇다 하더라도 이것은 군주에게 여전히 엄청난 부담이다. 왜냐하면 군주는 모순적인 마키아벨리의 금언으로 인해 내면의 분열을 경험하기 때문이다. 다시 말해, 한편으로는 국가를 지키고 권력을 유지하는 데 필요한 악덕을 주저없이 저질러야 하지만, 다른 한편으로는 인민이 칭송하는 모든 덕을 가지고 있는 것처럼 위장해야 하니 말이다(마키아벨리 2008, 107 · 120~121쪽).

그러나 군주가 선한 외양을 유지하기는 그리 어려운 일이 아니다. 정치의 상징적 차원을 적극 활용함으로써 대중의 의견을 조작하면 되기 때문이다. 마키아벨리는 잔인함과 자비로움에 대해 논하면서, 설사 잔인한 행위를 서슴지 않더라도 "그는[군주는] 지나치게 자비로워 살인과 약탈로 이어지는 무질서를 가져올 다른 군주보다 [자신이] 훨씬 자비롭다는 점을 하나 혹은 두 개 정도의 본

보기를 보임으로써 입증할 수 있다"라고 말한다(Machiavelli 1981, 95쪽).[16] 마키아벨리의 이러한 언급은 정치의 상징적 차원을 정확하게 포착한 것이다. 정치적 분석은 단지 "정치적 행위가 어떻게 특정 집단에게 구체적 보상을 내리는가—누가 무엇을 어떻게 얻는가?"—의 문제뿐만 아니라 "어떻게 동일한 행위가 대중을 위안하기도 하고 자극하기도 하는가?"의 문제도 함께 고려하는 것이기 때문이다(Edelman 1985, 12쪽). 정치적 행위는 도구적일 뿐만 아니라 상징적인 것이기도 하다.

따라서 우리는 마키아벨리의 정치사상에서 '당위what ought to be', '현실what is', '외양what appears' 간의 흥미로운 관계에 주목할 필요가 있다. 마키아벨리는 인민이 군주에게 원하는 것과 도덕적 원칙이 군주에게 요구하는 것에 유념하면서, 현실이 요구하는 바를 충족시키는 방식으로 권력을 장악하고 유지하기 위해 군주가 따라야 하는 행위 지침들을 처방하고자 했다. 마키아벨리는 당위적 윤리에서 독립돼 있는, 현실 정치의 독자성을 가장 강력히 주장한 사상가이다. 그렇다고 많은 사람들이 잘못 알고 있는 것처럼 윤리의 차원을 전적으로 무시한 것은 아니다.[17] 그는 도덕적 원리를 충족시킬 여러 해법을 고민하는데, 그중 하나로 군주가 외양을 적절히 조작하는 방안을 제시한다. 외양(군주의 상징적 행위)이 당위를 충

---

16 필자의 뜻을 전달하는 데는 영어판《군주론》을 직접 번역해 인용하는 것이 훨씬 효율적이어서 여기서는 펭귄판을 사용했다.

17 이에 관한 상세한 내용은 월린 2009, 58~65쪽 참조.

족시키는 역할을 한다는 것이다. 예컨대 실제로 군주는 국정 운영의 필요에 따라 예산을 인색하게(절약해서) 운용해야 하지만, 만인이 보는 가운데 소수의 궁핍한 사람들에게 통 크게 재물을 베푸는 식의 극적인 시혜 행위를 연출함으로써 자신을 관후한 인물로 부각할 수 있다. 이처럼 상징적인 행위를 통해서 당위를 만족시키는 외양을 창조할 수 있는 것이다. 요컨대 마키아벨리적 군주에게 정치 행위의 실체는 현실이 요구하는 바를 냉정하게 충족시키는 것이지만, 또 한편 그는 상징 행위를 적극 활용(대중 조작)해 선한 외양을 만들어냄으로써 당위가 요구하는 바를 만족시킨다.

신 목사의 행위를 이해하기 위해, '현대 대중 사회에서의 상징적 행위로서의 정치'라는 주제를 머리 에덜먼Murray Edelman의 논의에 기대어 좀 더 부연해보자. 정치는 실제적·공리적 측면에서 정치 공동체의 특정한 행위자 및 집단에게 재화, 서비스, 권력을 제공한다. 더불어 대중에게 공동체 구성원으로서의 긍지와 안도감을 심어줌으로써 공동체에 대한 일체감과 소속감을 불어넣어 주는 상징적 재화도 제공해야 한다. 정치 공동체의 정당성을 유지하는 데는 전자 못지않게 후자도 중요하다. 에덜먼에 따르면 정치의 상징적 차원을 이해하는 핵심은 "일종의 관객을 위한 스포츠로서의 정치와 특정한 구체적 이익을 얻기 위해 조직화된 집단들에 의해 활성화된 정치적 행위를 구분"하는 데 있다. 그런데 대부분의 현대인들에게 대체로 "정치란 텔레비전 뉴스, 신문, 잡지, 정치적 토론을 통해 마음속에 자리 잡게 된 일련의 심상心像이다"(Edelman

1985, 5쪽). 다시 말해 대부분의 사람들에게서 정치는 플라톤의 동굴의 비유가 상징하는 것처럼 일련의 추상적 이미지와 그림자의 행렬로 남아 있다. 이러한 상황에서 대중은 정치인들의 행위와 그것이 가정하는 바를 현실의 결과에 비추어 점검하고 오류를 시정할 수 있는 위치에 놓여 있지 않다. 요컨대 대부분의 사람들에게 정치는 일상 활동에서 체험할 수 있는 구체적인 피드백을 결여하고 있는 것이다.

따라서 현대 사회에서는 정치에서 소외된 대중을 정치와 접합시키는 정치의 상징적 차원이 무엇보다도 중요해진다고 에덜먼은 강조한다. 왜냐하면 정치는 "동떨어지고 분리되어 있으며, 개인들이 수행할 수 있는 어떠한 행위의 영향도 거의 받지 않지만, 궁극적으로는 위협이나 구원의 수단으로 편재遍在"하기 때문이다(Edelman 1985, 5~6쪽). 이에 따라 현대의 대중 사회에서 정치는 대중이 사사로운 감정, 특히 심각한 근심과 열렬한 희망을 쏟아붓기 쉬운 대상으로 남아 있다. 특히 구성원들이 전쟁·혁명·재난 등 격변으로 큰 고통을 겪고 죽음에 내몰릴수록 집단적 위안을 주는 상징에 대한 요구는 커진다. 정치적 상징은 공동체 구성원들이 서로 창조하고 보완하는 특정한 의미와 감정을 집약적 형태로 표출하는 것이다(Edelman 1985, 7~8쪽).

정치의 상징적 차원에 대한 이러한 논의는 신 목사가 합동추도 예배 및 부흥회를 헌신적으로 주도한 이유에 대해 의미 있는 시각을 제공한다. 대중을 상대로 한 일련의 예배에서 신 목사는 12인의 순교자를 찬양하는 한편, 자신은 신앙이 강하지 못해 공산당의 고문에 굴복하고 결과적으로 신을 배신한 죄인이라고 참회했다. 의심할 여지 없이 이는 스스로 겪고 목격한 진실과 정반대되는 거짓말이다. 왜 신 목사는 대중 앞에서 자신을 비하하는 한편 순교를 날조하는 데 협력하고, 공산당의 잔학성을 폭로하는 정치 선전에 자발적으로 앞장섰는가? 어찌하여 신의 존재를 의심하고 영원한 신의 왕국을 더 이상 믿지 않으면서도, 신의 정의와 신의 영원한 왕국이 존재한다고 설교할 수 있었는가?

이러한 역설을 이해하기 위해서는 6·25전쟁이 한국인들에게 어떤 의미를 띠는지를 간략히 검토해볼 필요가 있다. 남북한에 각각 분단 정부가 수립된 직후 3년에 걸쳐 벌어진 6·25전쟁은 수백만 명의 생명을 앗아간, 한국 역사상 가장 참혹한 전쟁이었다. 동족상잔의 전쟁이 얼마나 무의미하고 부조리한 것인가는 전선에서 박 대위가 이 대위에게 보낸 편지에 서술된 첫 백병전의 경험담을 통해서, 또 12인의 목사에 관한 진실을 공개해야 한다는 이 대위의 주장에 대한 장 대령의 냉소적인 반응을 통해서 생생히 묘사된다.

문제는 칠흑같이 어두운 밤인데다 양쪽이 모두 한국말을 하고 있다는 점이었어. 우리가 도대체 어느 쪽을 죽이고 있는 건지는 악마밖에 몰랐을 거야. 모두가 똑같은 말로 "누구냐? 누구냐?"만 외쳐대고 있었으니까. 잠시 당황하고 멈칫거리다가, 급기야는 무언가, 자네도 알다시피 공포, 두려움에 사로잡혀 그저 닥치는 대로 죽여대는 거야.

(45~46쪽)

자네는 온갖 부류의 사람들에게 우리의 독립과 우리의 자유라는 영광스러운 대의명분을 위해, 좀 더 복잡하게 말해, 민주주의 체제의 이익과 보존을 위해, 이 전쟁을 치르고 있다고 말할 수 있겠는가?……아니면, 이 전쟁 역시 어리석은 인류의 지저분한 역사에서 일어난 피비린내 나는 다른 전쟁들과 다를 바 없는 전쟁이라고 말할 텐가? 짐승 같은 국가들과 부패한 정치인들 사이의 맹목적인 권력 투쟁의 구역질나는 결과일 뿐이라고 말할 참이냐고? 이처럼 어리석은 전쟁에서 수많은 인간들이 그저 제물이 되어 무고하게 죽었고 앞으로도 더 많이 죽어가겠지만……그들의 죽음이 정말로 아무런 의미 없는 개죽음이라고 말할 텐가? (172~173쪽)

전쟁이 진행되면서 신 목사는 고통 받는 가난한 인민들이 전쟁과 질병에 시달리면서 생에 대한 의욕마저 상실하는 것을 목격하게 된다. 결국 자신의 신앙에 대한 진실을 절대로 공개하지 않겠다는 원래 입장에서 한 걸음 더 나아가, 인민들이 절망에 사로잡혀 삶을 포기하지 않도록 그들에게 영광스러운 신의 왕국이 기다리고 있다고 거짓말을 하기로 결심한다. 그리하여 신 목사는 합동 추도예배에 자발적으로 참여하고, 이후 기독교인들을 위한 부흥회에서도 동일한 내용의 설교를 반복한다. 대중이 끔찍한 절망을 이겨내고 삶의 의미를 발견할 수 있도록, 신의 정의와 저세상에서 누릴 영생에 관해 적극적으로 거짓말을 한 것이다. 그는 전쟁으로 인해 무의미한 죽음과 고통·질병으로 절망에 빠진 대중에게, 돌발적인 고난에 직면하게 되었지만 자기 운명을 통제하는 데 무력할 뿐인 대중에게, 국가와 교회의 이름으로 희망을 불어넣어 줄 필요가 있었다. 특히 정치 공동체의 생존이 걸려 있는 전쟁 기간에는 정치를 상징적으로 이용할 필요성, 곧 정치가 상징적 재화를 공급할 필요성은 더욱 절실해진다. 평상시와 달리 전시에는 정치 공동체가 당장 눈에 보이는 이득을 만족스럽게 제공하기가 어렵기 때문이다. 대다수의 사람들은 최소한의 안전과 평화가 제공되는 한—적어도 일상생활을 평온하게 유지할 수 있는 한—정치 공동체에 충성을 바치든지 아니면 정치에 무관심한 채로 살든지 할 수 있다.[18] 그러나 일단 정치 공동체가 전쟁에 휘말리면 일상생활은 혼란에 빠지고 사람들은 생업의 터전을 잃게 되며, 한때 일상에서 멀리 떨어져 있었던 정치는 전쟁 동원 및 그에 따른 여파 등으로 인해 일상 곳곳에 깊숙이 침투하게 된다. 이제껏 공동체를 지탱했던 모든 가치와 도덕은 승리가 불투명한 전쟁이 지속됨에 따라 근본부터 위협받게 된다.

따라서 합동추도예배는 물론이고 특별 예배와 부흥회를 통해 신 목사는 12인의 순교자를 단합의 상징으로 활용하면서, 참혹한 전쟁에 의해 갈가리 찢기고 흩어진 공동체를 봉합해 유대를 되살리려 한다. 자신의 교회에서 열린 특별 예배에서 신 목사는 이렇게

---

18 일상에 대한 1장의 서술을 참조할 것.

설교한다. "나는 여러분에게 속해 있고 여러분은 나에게 속해 있습니다. 나는 여러분이고 여러분은 나이며, 우리는 모두 하나입니다……우리는 하나가 되어 우리의 하나님을 공경하고 찬양하기 위해 이 자리에 모였습니다"(194쪽). 그는 자신을 포함한 모든 기독교인들이 12인의 순교자를 배신한 죄인들—고통과 죄악의 공동체—이라고 강조하면서, 먼저 자신이 회개한 후 신도들에게 회개를 권유한다. 그는 12인의 순교자를 희생양으로 삼아 신도들의 회개를 끌어내고 신앙을 부흥시키고자 한다.

신 목사의 설교와 카뮈의 《페스트》에 나오는 파늘루 신부의 두 번째 설교에는 주목할 만한 유사성이 있다. 둘 다 '여러분' 대신 '우리'라는 대명사를 사용한다는 점이다(Camus 1947, 200쪽). 페스트가 돌발한 직후 실시한 첫 번째 설교에서 파늘루 신부는 하나님의 임박한 심판을 이야기하면서 줄곧 '여러분'이라는 호칭을 사용했다. 그러나 페스트로 사망한 무고한 어린애를 포함해 많은 사람들이 부조리한 고통을 겪는 현실을 목격한 후 그의 신앙은 급격히 변화한다. '여러분'이라는 호칭은 고난 받는 대중과 구분되는 신의 종으로서의 파늘루 신부의 '예외성'과 '초연함'을 상징했다. 반면 '여러분' 아닌 '우리'라는 호칭은 파늘루 신부나 신 목사가 다 같은 무력한 죄인으로서 대중의 고난에 동참하고 같은 운명을 껴안고 살아간다는, 보다 인간적이고 공동체적인 태도를 표상한다.[19]

---

19 이러한 대중과의 일체감은 신 목사가 후퇴하는 남한군과 함께 떠나기를 거부하고 평

인간 집단의 담론에서 나와 상대방을 구분하는 '여러분'이라는 호칭은 비정치적 성격을 띤다. 반면에 '우리'라는 호칭의 사용은 정치의 출발점으로서, '우리'가 동일한 운명을 공유하며 우리 힘의 범위 안에서 집단적으로 공동의 운명을 개척한다는 점을 암시한다.[20] 해나 피트킨Hanna F. Pitkin에 따르면 정치 담론은 "여기서 도덕의 주체로서 '나'가 '너'에게 또는 '나'가 '그대thou'에게 관계 짓는 것이 [아니라], 많은 다른 자아들 역시 '우리'라는 자격을 주장할 수 있는 상황에서 '나'를 '우리'에게 관계 짓는 것"이다(Pitkin 1981, 345쪽).

이러한 의미에서 신 목사가 주도한 부흥회와 합동추도예배는 종교 의식인 동시에 정치 행사다. 참여자들을 상징적으로 공동의 업무에 관련지으며, 효과적으로 참여자들을 결속하고 공동의 관심사를 이끌어낸다. 그리하여 참여자들의 단결을 촉진하고, 그러한 가운데 만족과 위안을 선사한다. 인간은 혼란스럽고 불확실한 상황에 처할수록 의미와 질서를 부여하고 발견하려 하는 본성이 있다. 타인들과 함께하는 부흥회 의식은 모든 참여자들에게 이탈자가 없다는 확신을 주며, 집단적 행위를 통해 공동체 의식을 불러일으킨다. 여기서 '순교자'라는 기호와 상징은 복잡한 상황을 합리적으로 분석하는 능력이 미흡한 대중이 현실에 적응하고 불가

양에 남기로 결정하는 궁극적 이유가 된다.
20 인간이 의식적 · 집단적으로 역사 창조에 참여함으로써 공동의 운명을 개척하는 활동을 가리키는 광의의 정치 개념에 대해서는 1장을 참조할 것.

해한 현실과의 화해를 추구하게 만드는 긴요한 매개물이다. 신 목사는 '우리'라는 말을 사용함으로써, 자신이 상징을 조작하는 자가 아니라 공유하는 자임을 자처했다. 이것이 수사학적 장치나 고상한 거짓말에 불과한 것은 아닌지 점검하기 위해서는 그의 죽음에 담긴 의미를 되새겨봐야 한다.

6. 신 목사의 죽음과 그 의미

대중 선전과 조작이 난무하는 시대, 이제 대중을 상대하는 사람들은 진리/진실보다는 오직 대중이 믿었으면 하는 바를 말한다. 《순교자》의 신 목사와 장 대령 역시 대중이 믿고 싶어 하고, 자신들이 대중으로 하여금 믿게 하고 싶은 바—신 목사는 자신의 종교를 위해서, 장 대령은 자신의 국가를 위해서—를 대중에게 이야기한다. 우리는 대중에게 거짓말을 한 두 사람을 비난할 수 있는가? 만약 그들을 비난할 수 있다면, 그러한 거짓말에 쉽게 속아 넘어간 사람들은 어떻게 할 것인가? 거짓말에 현혹된 사람들의 어리석은 태도에는 비난할 점이 없는가? 결국 장 대령이나 신 목사뿐만 아니라 대중들 역시 이 우스꽝스러우면서도 절망적인 연극—이 대위가 거대한 속임수라고 생각했던—에 책임이 있다고 말할 수 있지 않겠는가? 정치적·종교적 권위가 대중으로 하여금 믿게 하고 싶은 것과 대중이 믿고 싶어 하는 것이 일치할 경우 우리는 어느 한편만을 탓할 수 없다. 희생자들이 기꺼이 받아들인 기만은 속성상 쌍무적이 되며, 이는 결국 집단적 자기기만으로 귀결된다. 종래한국인들이 '단일 민족'이나 '기마 민족' 같은 관념이나 신화에 매달려왔듯이, 공동체의 결속은 이처럼 집단적으로 공유하는 의식 · 신화 · 환상 등에 의해서도 유지된다. 왜냐하면 "정치적 측면에서 공동체란 진리〔truth〕가 아니라 합의에 의해서 그 결속이 유지되는 것"이기 때문이다(월린 2007, 116쪽). 따라서 그러한 합의에 참여함으로써 공동체에 대한 성원의 소속감을 강화하고 공동체가 무질서의 나락으로 추락하는 것을 방지한다.

따라서 공동체의 상징적 결속에 참여하는 행위라는 점에선 (현대인에게는 불합리하게 보이는 기우제와 같은) 원시적인 의식儀式들이나 《순교자》의 합동추도예배나 오늘날 민주 사회의 선거나 별로 차이가 없을 것이다.[21] 마키아벨리가 지적한 바와 같이, 이러한 정치의 상징적 차원은 당위와 실제 현실 사이에 괴리가 있는 한 항상 남아 있을 것이며, 계속해서 우리의 정치 공간을 점유할 것이다. 이 점에서 12인의 순교자는 이러한 괴리를 메우고 적어도 우리 자

---

[21] 선거와 관련해서는 약간의 부연 설명이 필요할 듯하다. 실증적 정치학자들을 괴롭히는 문제 중 하나는 투표와 선거의 역설—학자들이 학술적으로 가정하고 가르치는 바와 경험적 연구들이 발견한 것 사이의 엄청난 괴리—이다. 선거는 민주주의의 이상과 달리 시민들로 하여금 정책을 실질적으로 통제하게 해주는 수단은 아니지만, 의식儀式의 측면에서는 시민들의 불만을 토로하고 열광을 표출하고 참여 의식을 증진하는 기회가 되어준다. 모든 의식이 그렇듯이, 선거는 사회적 유대와 채택되는 공공 정책의 중요성 · 합당성에 주목하게 한다. 만약 시민이 선거를 통해 정부 엘리트와 정책을 직접 통제하게 된다는 공통된 믿음이 광범위하게 의심받기 시작하면 선거는 필수적인 정치적 기능을 담당할 수 없을 것이다.

신, 우리의 종교 및 정치 공동체에 관해 우리가 믿고 싶어 하는 바를 보여주는 상징이다.

그러나 우리는 정치의 상징적 측면이 정치 공동체에 부담 지우는 비용에도 주목해야 한다. 우리의 집단적 정치 행위가 순전히 의식儀式의 차원에만 머물러 있다면 관객에게 즐거움이나 깊은 위안을 주는 극적인 형식은 취하게 되겠지만 내용은 공허하고 무력할지 모른다. 조지 오웰의 《1984》에 드러난 악몽 같은 디스토피아가 생생히 보여주듯이, 정치는 진정한 집단적 욕구 충족을 외면한 채 추상적 상투어, 이미지, 대중 선전을 통해 실속 없는 상징을 공급하는 활동으로 전락하게 될 것이다. 이 대위는 박 대위와의 대화에서 이 점을 신랄하게 꼬집는다.

자네는 그들이 원하는 것을 주는 거라고 말하지? 그들이 원하는 게 거짓말 한 보따리라는 걸 어떻게 아나? 그게 그들에게 필요한 거라고 자신하나? 그들에게 필요한 건 진실이야. 고통스럽더라도 진실이야말로 그들에게 필요한 것이고 자네는 바로 그걸 줘야 하는 거야……나는 이 모든 가식, 이 모든 고상한 거짓말, 국민의 이름으로 국민을 위해 저질러지는 이 모든 것이 역겨워서 견딜 수 없어. 그래, 그러는 동안에도 사람들은 여전히 고난을 겪고, 여전히 죽어가고, 태어나서부터 죽을 때까지 속고 있지. (212~213쪽)

이러한 맥락에서 이 대위는 인간의 고통, 불행, 자기기만을 정당화하고 지속시키는 것이 바로 고상한 거짓말이나 '인간을 즐겁게 하는 환상pleasing illusions'이라고 주장한다. 그러니 역사적으로 이처럼 무의미한 전쟁에 인간을 동원함으로써 초래된 고통과 불행에 종지부를 찍기 위해 무엇보다 적나라한 진실을 밝혀 환상과 위선으로부터 대중을 해방시켜야 한다고 의당 주장할 것이다.

달리 말하면, 정치의 상징적 차원은 공동체 구성원들의 비판적 기능을 활성화하기보다는 둔감하게 하는 데 봉사한다. 마르크스 역시 지배 계급의 사악하고 편협한 이익들이 자비롭고 보편적인 상징의 가면 아래 행진한다는 점을 인지했다. 마르크스는 허위의식으로서의 이데올로기라는 개념을 신비화된 이익들의 가면을 벗기는 데 사용했다. 비슷한 시각에서 이 대위 역시 박 대위에게 다음과 같이 말한다.

자네는 이 모든 게 그들을 위한 것이고 그들의 행복을 위한 것이라고 말하겠지. 천만에! 자네가 그렇게 하는 건 선전을 위해서야. 자네의 교회가 추문에 휩쓸리는 것을 막기 위해서야. 만사가 괜찮다고……하늘에 있는 하나님이 사람들을 잘 보살펴준다고, 국가가 사람들의 운명을 진지하게 걱정해준다고 사람들을 속이기 위해서야.
(212~213쪽)

'진리/진실은 드러내야만 한다'는 이 대위의 입장은 상반된 주장과 조우한다. 월린의 간결한 표현에 따르면 "정치 사회는 행동

하는 동시에 공동체로 남아 있고자" 한다(월린 2007, 115쪽). 정치
공동체가 존망을 걸고 다른 공동체와 전쟁을 할 때, 공동체의 삶은
대중의 비참과 만연한 폭력, 부정의 속에서 심각한 긴장에 직면한
다. 공동체 정신의 붕괴와 함께 구성원들은 보다 이기적으로 변해
공공의 이익을 무시하게 된다. 이런 때에는 공동체를 유지하고 전
쟁을 이겨내기 위해서 일정한 합의를 이루고 믿음을 유지하는 일
이 너무나 절실해져서, 심지어 터무니없는 기만과 환상에 의지하
게 되기도 한다. 그러나 피트킨이 지적하듯이, "정치를 정치로 만
들어주는 것은……행위, 즉 우리의 운명에 집단적·심의적·적극
적으로 함께 개입할 수 있는 가능성이다"(Pitkin 1981, 344쪽). 그러
한 행위가 가능하려면 현실을 정확히 이해—비록 그것이 고통스
러운 일일지라도—할 필요가 있다. 인민을 속이기 위해 가능한 모
든 수단을 동원하는 전체주의 정권이나 독재 정권의 통치자들 역
시 권좌에 남아 있기 위해, 인민을 지속적으로 기만하기 위해, 심
지어 자기기만을 모면하기 위해, 정확한 정보 수집에 기초한 진실
을 파악할 필요가 있다. 따라서 민주정하의 공동체 성원들은 물론
이고 심지어 최악의 독재자도, '무엇을 할 것인가'를 결정하기 위
해서는 참된 지식과 정보가 필요하다. 이 대위는 바로 이러한 입장
을 표상한다.

이상에서 살펴본 바와 같이 진리/진실이 중요하다는 입장과 거
짓이더라도 대중이 믿고 싶어 하는 바를 말해주는 것이 중요하다
는 입장이 팽팽히 맞서는 가운데 마지막으로 또 하나의 의문이 떠

오른다. 신 목사와 장 대령이 순교를 '날조'했을 때, 그들의 의도는 진실했는가? 그들 역시 편협한 종교적·정치적 이익을 좇아 행동한 것은 아닌가? 물론 인간의 가장 심층적인 내면을 확실히 읽어내기란 거의 불가능한 일이다. 그러나 작가 김은국은《순교자》말미에 그들의 죽음을 묘사해 이 의문에 문학적으로 답함으로써 정치와 진리/진실의 화해를 시도한다. 비록 그들이 고상한 거짓말을 날조했지만, 소설에 묘사된 그들의 죽음은 그러한 행위가 대중이 절망의 끝없는 심연에 빠져드는 것을 막으려 한 사심 없는 동기에서 나온 것임을 시사한다. 곧 그들은 모범적인 행동과 고귀한 죽음을 통해—장 대령은 군인으로서, 신 목사는 성직자로서—고상한 거짓말에 생명의 숨결을 불어넣음으로써 동기의 순수성을 입증했다. 상황이 요구할 때 정치 공동체와 종교적 진리를 위해 생명을 바쳤다.

장 대령은 개인의 자아와 정치 공동체의 일체성의 궁극적 표현인 공동체를 위한 죽음을 통해 자신의 역할을 완수했다. 신 목사는 후퇴하는 남한군·유엔군과 함께 평양을 떠나기를 거부했으며, 결국 어느 누구도 그의 최후를 정확히 알지 못하는 영역으로 사라져버렸다. 그의 최후에 대해서는 상충하는 소문만 무성할 뿐, 누구도 그의 순교를 목격하지 못했다. 수사학자 버크Kenneth Burke가 지적하듯이, "순교는 인간이 아니라 절대자가 증인이 될 때 비로소 진정한 순교가 된다. 그렇지 않으면 단지 허영에 불과하다"(Burke 1969, 222쪽). 이 점에서 신 목사는 아렌트의 "설사 진리/진실이 존재하지 않는다 할지라도 인간은 진실할truthful 수 있다"는 말을 실행에 옮겼음은 물론이고, 생각건대 "설사 신이 존재하지 않는다할지라도 인간은 신앙심이 충만할faithful 수 있다"는 가능성을 모범적인 행위와 죽음(순교)을 통해서 보여준 것일까?(Arendt 1958, 279쪽)

결론적으로 신 목사와 장 대령은 베버가 말한 "책임 윤리"에 따라 행동한 것이며, 베버가 말한 다음과 같은 상황에 도달했다. "이것이 내가 취한 입장이다. 나는 그 밖에 달리 행동할 수 없다······이것이 참인true 한······신념 윤리와 책임 윤리는 절대적으로 대조되는 것이 아니라 오히려 상호 보완적인 것이다. 그 둘이 오직 하나의 화음으로 합해질 때에만 진정한 인간—정치에 대한 소명에응답할 수 있는—이 탄생하게 된다"(Weber 1958, 127쪽). 신념 윤리와 책임 윤리가 합쳐지는 오직 그때에야 비로소 진리/진실과 정치의 갈등은 어느 일방을 희생시키지 않고 화해로 나아갈 수 있을것이다.

3장

미국의 반전 영화는 과연
'반전'적인가?

1991년 1월 17일 미국이 주도하는 다국적군이 (이라크의 쿠웨이트 침공 및 병합에 반대하여) '쿠웨이트 해방'을 명분으로 이라크 공습을 개시함으로써 시작된 제1차 미국-이라크 전쟁(이하 '미국-이라크 전쟁')[1]은 같은 해 2월 28일 미국의 (아버지) 부시 대통령이 전투 중지를 선언함으로써 막을 내렸다. 전쟁이 종결되자마자 미국, 서유럽 국가들, 일본, 한국 등 많은 나라들이 막대한 재원이 소요될 이라크와 쿠웨이트의 복구 사업에 나름대로 군침을 흘리기도 했다. 전쟁의 참상은 급속히 옛일이 되어가고, 이제는 이라크 내전의 향방과 사담 후세인의 운명 및 항구적 평화 장치의 중동 정착 여부에 관심이 쏠렸다. 특히 후자의 성패에 따라 탈냉전 후 미국의 부시 행정부가 표방·주도하는 '새로운 세계 질서'의 구상 또한 성

---

1   본래 이 전쟁은 '걸프 전쟁', '페르시아만 전쟁' 등으로 불렸으나, 2003년 3월 미국과 영국 등 연합군이 재차 이라크를 침공해 제2차 미국-이라크 전쟁이 일어남에 따라 이후에는 '제1차 걸프 전쟁', '제1차 이라크 전쟁'이라고 불리기도 한다. 전쟁 당사자인 미국 등 서구의 입장에서는 서구 중심적 세계관에 따라 '주체'(주역, 주어)인 자신들을 전쟁 명칭에서 제외하고 단순히 전쟁 지역(페르시아만 또는 걸프)이나 적국의 이름(이라크)만 들어간 명칭을 사용할 수도 있겠으나, 이 글에서 필자는 미국인이나 서구인이 아닌 한국인의 입장에서 이 전쟁을 '제1차 미국-이라크 전쟁'으로 부를 것임을 밝혀둔다. 참고로, 3장에 해당하는 글은 1991년에 발표된 논문으로, 당시의 제목은 "미국의 반전 영화는 과연 반전적反戰的인가?—페르시아만 전쟁을 계기로 다시 살펴본 미국의 반전 영화"였다.

패가 갈릴 것이기 때문이었다.

1. 축제에 묻힌 참상

　다국적군의 일방적인 공격과 이라크의 참담한 패배로 시종일
관한 미국-이라크 전쟁에서 미국이 거둔 빛나는 성과 중의 하나
는 다국적군의 전사자는 잠정 집계상 미군 79명을 포함해 126명
에 불과한 반면, 이라크군은 8만 5,000~10만 명이 사망했다는 것
이었다(《동아일보》 1991년 3월 1일). 다수의 이라크군 전사자가 5주
간에 걸친 사상 최대의 공습에 의해 사망한 것으로 알려졌다. 미국
민은 사상자 수가 기록적으로 적은 데 우선 안도하며, 미국-이라
크 전쟁을 계기로 '베트남 전쟁의 악몽'을 말끔히 씻어버린 것으
로 보였다. 심지어 보수 강경 세력은 '자유세계' 수호를 위해 미국
이 군비 증강을 서둘러야 한다고 목청을 높이기도 했다. 미 행정
부에 대한 미국민의 신뢰와 지지가 급격히 증가했음은 두말 할 필
요도 없고(《동아일보》 1991년 3월 1일), 2월 27일자 《뉴욕 타임스》는
1992년 대선에서 부시의 재선이 거의 확실시된다고 보도했다.
　따라서 미국의 승리가 확실해진 2월 27일 미국 전역은 축제 분
위기에 들떠 있었다. 부시 대통령이나 노먼 슈워츠코프 다국적
군 사령관도 승전의 주인공으로서 축제 분위기를 즐기고 있는 것
이 역력했다. 한 예로 부시 대통령은 "전쟁이 너무너무 잘 진행되

어 기쁘기 그지없으며 가슴이 찌르르하다"라고 말했고 슈워츠코프 사령관은 미식축구의 전략까지 동원하며 자랑스럽게 다국적군의 작전을 설명한 것으로 보도되었다(《한겨레》1991년 3월 1일). 미국 언론의 지배적 태도 역시 "기적처럼 적은 희생자를 내며 완승을 거둔 전쟁"이라고 승전보를 전하기에 바쁠 뿐, 40일 동안 사상 최대의 집중 폭격을 받은 이라크의 참상—무고한 민간인이 살상당하고 이라크 병사들이 사막의 두더지처럼 모래 밑에서 떼죽음을 당했으며 바그다드·바스라를 비롯한 이라크 주요 도시가 철저히 파괴됨—에는 침묵으로 일관했다. 미 행정부나 언론은 축제 분위기에 들떠, 10만 명에 달하는 이라크인의 사망과 관련해 유감이나 애도의 뜻을 표하지 않았던 것이다.

2. 토끼 목숨, 사람 목숨

한편 비슷한 시기에, 미국과 어깨를 나란히 하고 미국-이라크 전쟁에 가담한 영국에서 당뇨병 원인 규명 실험 도중에 토끼 네 마리에게 필요 이상의 고통을 주었다는—기력과 시력이 쇠한 90세 노의사가 토끼를 충분히 마취시키지 않았다—이유로 세계적으로 유명한 의학자인 빌헬름 펠트버크 교수가 동물권리보호단체에 의해 고발되어 실험 활동을 중지 당하고 기소 위기에 몰렸는데(《동아일보》1991년 3월 6일), 영국인들이 동물의 고통에 민감하게 반응하는 이러한 모습은 미국 언론이 이라크인 살상에 침묵을 지킨 것과 흥미로운 대조를 이루었다.

이라크의 피해와 파괴에 대한 언론의 침묵은 국제 정보 질서를 본래 미국 등 서방 진영이 장악한데다 미 행정부가 '국익 수호' 차원에서 철저하고 효과적인 보도 통제에 나선 결과, 사상 최초로 텔레비전을 통해 전쟁을 생중계했음에도 불구하고 이라크의 구체적인 물적·인적 파괴와 참상은 거의 알려지지 않은 데 기인했다고 해석할 수 있다. 게다가 전쟁이 끝나자마자 미국은 이라크인 시신들을 무더기로 매장하고 쿠웨이트와 '전쟁 청소 계약'을 체결해 신무기와 네이팜탄의 사용 흔적을 없애면서, 전쟁의 참상을 취사선택하여 은폐·보존할 수 있는 우선권을 확보했다. 따라서 전쟁으로 인한 이라크의 물적·인적 피해의 전모는 영원히 사막의 모래 속에 묻히게 되었다(《한겨레》 1991년 3월 1일). 또한 미국 언론 역시 주로 이라크군이 쿠웨이트에서 저지른 파괴, 약탈 및 여러 만행만 집중 보도하거나 이라크 내전으로 관심을 유도함으로써 미국이 저지른 파괴와 이로 인한 피해를 역사적으로 은폐하는 데 적극 협력했다. 이를 통해 언론의 상업주의로 인한 센세이셔널리즘의 폐해가 단순히 사건을 확대·과장하는 데 그치지 않고 더 중요한 문제, 즉 사건을 의도적으로 은폐하거나 망각시키는 데에까지도 미친다는 점을 알 수 있다.

미국-이라크 전쟁을 보는 한국 정부와 언론의 지배적 시각 역시 미국의 시각과 다를 바 없었다. 한국 정부는 군 의료진과 수송기 파견 및 전비 분담을 통해서 다국적군을 지원했다. 그리고 설을 전후해 〈특전대 네이비실〉 등 미국 중심의 세계관이 넘치는 전쟁 영화가 한국의 극장가에 진격했다. 대부분의 한국 텔레비전 보도 역시, CNN을 비롯한 미국 텔레비전 방송을 거의 아무런 편집이나 정리 과정 없이 동시통역으로 내보내는 가운데 '아군'이라는 표현을 쓰는 등, 마치 '미국의 소리'의 일방통행로가 된 듯한 느낌을 주었다. 우리의 세금과 시청료로 미국의 전쟁 광고(?)를 사는 데 인색하지 않았던 셈이다.

심지어 전쟁의 참상은 거의 보도하지 않고 신무기 소개 및 전자 무기에 의해 수행되는 전쟁의 양상과 전황에 집중한 텔레비전 보도는 컴퓨터게임을 연상시키기에 충분했다. 이는 현대 전쟁의 극한적 비인간성—아무런 갈등이나 가책 없이 화면을 보고 단추를 누름으로써 전자오락 게임을 하듯이 인간이 다른 인간을 파리 목숨처럼 죽일 수 있다는 사실—을 유감없이 보여주었다. 주요 일간지 역시, 《한겨레》와 다른 신문의 일부 기사를 제외하고는, 대체로 미국의 시각에 충실했다. 독자적 시각을 결여한 대외(서방) 의존적 시각의 보도들 때문에 한국 국민들은 결과적으로 '우리'가 전쟁에서 이기고 있는 듯한 착각에 빠지기까지 했다. 우리의 시각에서 전쟁을 바라봐야 한다는 지적—가령 1991년 2월 27일자 《동아일보》의 〈걸프전 지상전 흥분 보도 우리 시각 부재〉 같은 기사—이 간간이 나온 것은 그나마 다행스러운 일이었다.

3. 반전反戰 여론의 반전反轉

(1991년 당시) 미국의 미국-이라크 전쟁 수행 과정 및 관련 보도 태도를 보며 필자는 착잡한 마음을 금할 수 없었다. 여론의 전폭적 지지를 받으면서 다시 제3세계 분쟁에 개입해 새로운 전쟁에 뛰어든 세계 최강대국 미국의 모습을 20년 전 베트남 전쟁 때의 모습과 대조해보면서 상당한 당혹감에 빠졌다. 베트남 전쟁 때 민주 국가인 미국의 대통령은 군사적으로는 전쟁을 계속할 능력이 있음에도, 미국이 입은 상당한 인적·물적 피해는 물론 격렬한 반전 시위와 비등한 반전 여론의 압도적 기세에 밀려 결국 전쟁을 포기하지 않았던가? 또한 세계 여론은 반전 여론에 밀려 전쟁을 포기하는 미국의 모습과 뒤이은 워터게이트 사건으로 대통령이 사임하는 것을 보면서 미국민의 도덕성과 미국 민주주의의 위대성에 나름 경의를 표하지 않았던가? 특히 베트남 전쟁에 관한 국방성 기밀문서를 폭로한 양심적 지식인과 미국 대통령의 도청 사실을 폭로한 용감한 기자에게 경의를 표하지 않았던가?

게다가 미국에서는 이러한 반전 여론의 기반 위에서 제국주의적 전쟁의 비인간성과 부도덕성을 지적하고 전쟁의 참상에 대한 인류의 윤리 의식의 각성을 촉구하는 '반전反戰 영화'들이 제작되어 각종 상을 휩쓸었고, 나아가 세계 영화 시장을 석권하다시피 했다. 우리에게도 친숙한 〈디어 헌터〉(1979), 〈지옥의 묵시록〉(1979), 〈플래툰〉(1986), 〈7월 4일생〉(1989) 같은 소위 '반전 영화'는 한국에서도 대단한 관심과 인기를 끌었다. 미국-이라크 전쟁의 발발을 계기로 KBS에서 방영한 〈공포의 살포제〉(1986)도 그러한 반전 영화의 범주에 들어간다. 이러한 반전 영화들은 미국의 베트남전 참전에 관해 나름대로 비판적인 평가와 반성을 하는 동시에, 베트남 전쟁뿐만 아니라 그 어떤 전쟁도 해서는 안 된다는 메시지를 인류의 가슴속에 강렬하게 심어주었다. 따라서 우리로서는, 그러한 역사적 교훈을 안겨준 베트남 전쟁을 생생히 기억하고 있는 한 미국이 다시는 전쟁에 참가하지 않을 것이라고 기대했다. 우리는 설혹 미국 행정부가 또다시 전쟁을 수행하려 한다 해도 일반 국민이나 국민을 대표하는 기관인 의회가 강력히 제지하면서 민주 정치의 진수를 보여줄 것이라고 예상했다. 설혹 미국이 또다시 제3세계의 문제에 개입한다 해도 매우 신중한 절차를 거쳐 정말 최후의 수단으로서 전쟁을 택하리라고 믿었다.

그러나 미국-이라크 전쟁은 이러한 기대가 희망 사항에 불과했음을 입증했다.[2] 1979년 이란 혁명 후 중동에서 영향력을 상실한 미국이 이를 만회하기 위해 이라크의 쿠웨이트 침공을 공공연히 유도했다는 분석이 개전 초기부터 나돌았다(《한겨레》 1991년 3월 2일). 또한 개전 초부터 다국적군은 쿠웨이트 해방보다는 오히려 이라크의 후세인 제거에 목표를 두었으며, 전쟁 수행 과정에서 안보리

---

2 물론 베트남 전쟁 이후 미국이 벌인 국제적 군사 활동—특히 니카라과 혁명 개입, 그레나다와 파나마 침공—을 주의 깊게 관찰한 사람이라면 페르시아만에서의 전쟁 수행이 돌발 사태가 아니라는 점을 알았겠지만 말이다.

결의 사항을 여러 차례 위반하기도 했다(《한겨레》1991년 2월 28일).
요르단의 후세인 국왕은 전쟁이 끝난 후, 전쟁 준비에 쏟았던 노력
을 사태의 평화적 해결에 바쳤다면 엄청난 재난을 피할 수 있었을
것이라고 말했다(《한겨레》1991년 3월 3일).

베트남 전쟁 때와 비교해 놀라운(?) 것은 미국-이라크 전쟁이
발발한 후 미국민의 압도적 다수가―반전 시위가 없진 않았지
만―전쟁을 지지했음은 물론이고 전쟁을 일으킨 미국 대통령도
지지하고 나섰다는 사실이다. 개전 당시는 물론이고 개전 일주일
뒤에도,《워싱턴 포스트》와 ABC텔레비전이 공동으로 실시해 1월
22일 발표한 여론조사에 따르면 전쟁을 지지하는 사람이 압도적
으로 많았고, 유엔 안보리 결의 사항을 노골적으로 위반한 "후세
인을 추방할 때까지 전쟁을 계속해야 한다"고 생각하는 사람도 응
답자의 70퍼센트에 육박했다. 미국민들이 "전쟁은 이제 그만!"이
라고 부르짖었던 때가 엊그제 같은데, 미국은 그 기억이 채 사라지
기도 전에 또다시 대규모 전쟁을 아시아에서, 그것도 전 국민의 압
도적 지지를 받으며 수행한 것이다. 이러한 미국민의 전폭적 지지
의 이면에는 국민적 애국심이나 대외 강경론(징고이즘jingoism) 같은
의식이 도사리고 있었으리라. 1960년대 말부터 1970년대 중반까
지 미국민들이 보여주었던 위대한 반전 운동의 정신은 어디로 갔
단 말인가?

필자가 분석하려는 것은, 미국민의 이러한 일견 모순되고 일관
성 없어 보이는, 미국-이라크 전쟁에 대한 당시의 전폭적인 지지

여론과 그보다 20여 년 전에 일어난 베트남 전쟁에 대한 당시의 격렬한 반전 여론의 내적 상관성이다. 1970년대에 미국민이 전쟁에 반대한 결정적 동기가 과연 무엇이었기에 1990년대에 이르러 전쟁에 대한 여론이 완전히 달라진 것인가? 간단히 말해, 어째서 반전反戰 여론이 극적으로 반전反轉된 것인가? 여기에는 여러 이유가 있겠고 이에 따라 다양한 접근 방법이 있을 수 있겠으나, 필자는 베트남 전쟁을 소재로 한 미국의 반전 영화에 나타난 반전의 의미를 분석하는 데서 실마리를 찾아보고자 한다.

이를 위해 먼저 미국의 반전 영화를 분석함으로써 지배 문화(헤게모니)의 한 가지 변형으로 나타나고 수용된 '반전'의 의미를 되새겨볼 것이다. 다시 말하면, 미국이라는 거대한 국가에서 지배 문화로 포섭된 반反문화counterculture의 깊이와 폭을 측정해보고자 한다. 이와 더불어 대중민주주의 국가에서 반전 운동과 같은 대중 운동의 문제점을 간략하게 조명해볼 것이다. 이어서 미국의 반전 영화를 한국 관객과 같은 제3세계 인민이 어떤 시각에서 감상하게 되는가를 분석할 것이다. 마지막으로, 이러한 반전 영화를 무비판적으로 감상하고 무의식적으로 미국 문화를 수용하는 우리의 태도에 심각한 문제가 있음을 지적하고자 한다.

4. 미국 반전 영화의 실상

베트남 전쟁을 소재로 1970~1980년대를 풍미한 미국의 반전 영화로서 한국에 잘 알려진 것으로는 앞에서 언급한 〈디어 헌터〉, 〈지옥의 묵시록〉, 〈플래툰〉, 〈7월 4일생〉 등을 떠올릴 수 있다. 그리고 미국-이라크 전쟁을 계기로 1991년 2월 10일에는 KBS텔레비전에서 '주말의 명화'로 〈공포의 살포제〉가 방영되었다. 바로 이 다섯 편을 대상으로 삼아 미국 반전 영화에 나타난 반전의 의미를 분석하고자 한다.

우리는 우선 이러한 반전 영화들이 미국의 반전 여론 확산과 (나중에 논하겠지만 일정한 방향으로의) 정리에 기여했다는 것을 이해하게 된다. 즉 이들 영화에서 주인공들은 전쟁의 의미―왜 베트남 전쟁을 수행해야 하는가?―를 명확히 이해하지 못한 채로 어느 날 갑자기 말도 안 통하는 미개한(?) 남방 국가의 전장에 내던져져 살상과 폭력의 거대한 소용돌이에 말려든다. 국내에서 '문명화'된 평온한 일상생활을 영위했던 그들은 전쟁이라는 상황에 처해 목숨을 위협하는 엄청난 폭력을 경험하고, 이 과정에서 육체적 피해는 물론이고 도덕적 갈등도 겪게 된다. 영화에는 자신의 부상이나 동료의 죽음, 무고한 민간인이 당하는 참혹한 살상이나 피해, 적들의 무자비한 포로 학대, 이 모든 참상으로 인한 등장인물의 정신적 충격 등이 구체적으로 묘사된다. 영화에서 전쟁으로 인한 주인공들의 피해는 크게 두 가지로 나타난다. 하나는 전쟁의 고통을 견디다 못해 전쟁 수행 중 베트남 현지에서 정신적·도덕적 파탄에 이르는 것이고, 다른 하나는 귀국 후 전쟁의 육체적·정신적 후유증으로 인해 일상생활에 제대로 적응하지 못하거나 질병에 걸려 죽는 것이다.

〈디어 헌터〉에서 한 인물은 베트콩의 포로가 되어 무자비한 일을 겪었는데—이는 단 한 발의 총알만이 장전된 회전식 연발권총을 머리에 겨누고 발사 여부를 운에 맡긴 채 방아쇠를 당기는 목숨 건 게임, 이른바 '러시안 룰렛'으로 상징된다—우여곡절 끝에 탈출하고도 그때의 충격을 견디지 못해 베트남에 계속 머물며 환락과 아편의 소굴에서 뒹굴게 된다. 말런 브랜도가 연기한 〈지옥의 묵시록〉의 주인공도 광란적인 전쟁에 대한 공포와 두려움으로 반미치광이가 되어 캄보디아 접경 지역의 외딴 곳에서 비슷한 동기로 탈출한 다른 미군과 더불어 일종의 군신軍神으로 원주민들에게 군림하며 유사 종교적 공동체를 이루고 살아간다. 그는 주변에 나타난 베트남인들이나 미군들을 무자비하게 죽이는 살인광이 되며, 전쟁과 죽음에 관한 자신의 공포에 종지부를 찍고자, 마침내 자신을 찾아온 미군 장교에게 자신을 죽여줄 것을 청한다.

〈플래툰〉 역시 무의미한 전쟁을 수행하는 과정에서 미군 병사들이 타락해가는 모습을 전쟁 중에 일어나는 각종 에피소드를 통해 묘사한다. 여기에는 전쟁과 살인 자체를 즐기는 미군이 등장하는데, 그는 목적 달성을 위해 베트남 민간인을 살해하기도 하고 이를 상부에 보고하겠다는 동료를 죽음에 몰아넣기도 한다. 그리고 이 비밀을 알고 있는 주인공마저 죽이려고 하다가 실패하고 자신이 오히려 죽게 된다. 부상당해 헬리콥터에 실려 가는 주인공이, 전쟁으로 인해 타락하여 동료들끼리 서로 죽이려 했던 일을 떠올리며 "우리의 적은 누구인가?"라는 식의 질문을 던지며 영화는 끝난다. 비교적 철학적인 메시지를 담고 있고 무고한 베트남인들에 대한 미군의 가해 행위를 간헐적으로 보여주는 이 영화의 중심 주제는, 그래도 무의미한 전쟁 수행 과정에서 도덕적 파탄에 이른 미군의 모습을 부각하는 데 있다고 할 수 있다.

이에 반해 〈공포의 살포제〉의 주인공은 베트남에서 귀국한 후 평범하고 행복한 일상생활을 되찾는다. 그러나 베트남 전쟁에서 '에이전트 오렌지Agent Orange'라는 일종의 고엽제에 노출된 탓에 치명적인 암에 걸리고 이로 인해 부인과 이혼하게 된다. 죽음을 앞둔 주인공은 공중 살포된 고엽제와 자신의 암이 상관관계가 있음을 밝히기 위해 다른 동료들의 사례를 조사해가며 투쟁한다. 따라서 이 영화에는 전쟁으로 인한 육체적·정신적 후유증에 시달리는 미국의 많은 제대 군인들이 등장한다. 성욕 감퇴나 육체적 불구로 인해 가정불화나 이혼에 이른 경우, 또는 불치병이나 정신병에 걸려 정상적인 사회인으로 돌아가지 못하고 반미치광이가 되어 병원에 수용된 경우 등을 예로 들 수 있다.

〈7월 4일생〉은 미국의 평범한 시골 청년이 애국심에서 자원 입대하여 베트남 전쟁에 참전하는 장면으로 시작된다. '자유세계'를 수호하고 공산주의를 몰아낸다는 목적의식을 품고 베트남 전쟁에 참전하게 된 것이다. 청년은 전쟁 중에 착오와 실수로 동료와 베트남 민간인을 죽이기도 하는 가운데 전쟁의 의미를 두고 혼란을 일으키는가 하면 회의에 빠지기도 한다. 그러다가 결국 부상을 당해 하반신 마비에 이르러 휠체어에 의지하는 신세가 되어 귀향한다. 그런데 돌아온 그는 여자 친구를 비롯한 이전의 친구들이 대학가의 반전 운동에 적극 참가하고 정부가 이들의 시위를 난폭하게 진압하는 것을 보고 충격을 받는다. 자신의 애국적 희생이 부정당하는 듯한 상황에서 그는 비슷한 처지의 다른 참전 용사들과 함께 매춘과 술로 한동안 방탕한 생활을 하기도 한다. 그러나 나중에는 반전 운동 참여가 애국의 한 방법임을 깨닫게 되고, 정부의 그릇된 정책과 미국 젊은이들의 무고한 희생을 비판하는(자신을 대표적인 희생자로 삼으며) 연설을 하며 전국을 순회한다. 이 영화는 그릇된 전쟁으로 미국의 젊은이들이 희생당했음을 강조하며, 전쟁으로 인한 주인공의 불구와 일련의 방탕 행각은 제대한 참전 용사들의 정신적·육체적 고통을 대변했다고 할 수 있다.

간단히 말해 반전 영화에 나오는 인물들은 도덕적 파탄에 이르러 전쟁 행위 자체를 즐기는 전쟁광이 되거나(⟨지옥의 묵시록⟩, ⟨플래툰⟩), 반미치광이가 되어서 현지에 남아 감각적·쾌락적 삶에 탐닉하거나(⟨디어 헌터⟩), 아니면 제대 후 불구의 몸, 치명적 질병, 정신적 외상 때문에 정상적인 일상생활로 복귀하지 못하고 가정 파탄을 겪거나 정신병자가 되어 사회의 낙오자로 전락한다. 그중 일부는 전쟁 후유증으로 죽기도 한다(⟨공포의 살포제⟩, ⟨7월 4일생⟩).

이들의 처절하고 일그러진 삶은 전쟁이 한 인간에게 초래할 수 있는 충격과 파탄의 극대치를 간접 경험하게 해준다. 따라서 이들 반전 영화의 메시지는 명확하다. '전쟁은 병사들에게―즉 미국의 아들들에게―엄청난 육체적 피해, 정신적 충격, 도덕적 파탄을 가져온다. 그러므로 전쟁을 해서는 안 된다.'

5. 반전 메시지의 허구성

그런데 이들 반전 영화의 메시지, 간단히 말해 '미국이 수행한 전쟁의 피해자는 미국인 자신이기 때문에 전쟁을 해서는 안 된다'는 논리는 미국인들에게는 나름대로 설득력이 있겠지만, 따져보면 사실 지극히 평면적이고 일방적이다. 앞에서 다룬 영화들처럼 베트남전을 소재로 하여 대중성을 갖추고 흥행에 성공한 반전 영화들은 대부분 (그 전쟁이 적으로 삼았던 베트콩을 포함한) 베트남 인민에게 가해진 형언할 수 없는 인적·물적 피해―무차별 공습으로 인한 인명과 재산의 손실, 무분별한 살상과 파괴, 강간 같은 범죄 행위는 물론이고 이로 인한 베트남 인민들의 정신적·도덕적 파탄 등―에는 큰 관심을 보이지 않기 때문이다.[3] 더욱이 그런 영화들

---

3 물론 〈겨울 군인Winter Soldier〉처럼 미군이 무차별 공습으로 베트남 인민에게 저지른 파괴와 살상을 적나라하게 고발한 영화도 있으나 이것은 일종의 기록영화로서 애초에 상업성을 띠지 않았고 흥행에 성공하지 못해 대중의 주목을 받지 못했다.

은 베트남 인민들이 막대한 인적·물적 피해에도 불구하고 왜 목숨을 걸고 세계 최강대국인 미국을 상대로 처절한 전쟁을 수행했는지, 그들에게 전쟁의 목적과 의미는 무엇이었는지 묻지 않고 진지하게 고려하지도 않는다. 이는 베트남전에 참가한 미군들이 전쟁을 수행하는 목적과 의미를 명확히 이해하지 못했다는 점과 묘하게 통하는 데가 있다. 정당화할 수 없는 미국의 참전 목적을 은폐하기 위해서는 너무나도 정당한 베트남인들의 전쟁 목적 역시 침묵시켜야 했던 것일까? 어쩌면 전쟁의 목적과 같은 거대한 정치적 주제는 반전 영화의 주 소비자인 미국 대중이 감당하기에는 너무나 무거운 주제였는지도 모른다. 그리고 대중민주주의에서는 대중이 반쯤 최면 상태에 있는, 일정한 정치적 무관심이 안정된 민주주의의 운영을 위해 필요하고 바람직하다고 로버트 달Robert Dahl이나 게이브리얼 아몬드Gabriel Almond 같은 현대 미국의 정치학자들은 1960~1970년대에 역설한 바 있다.

물론 그렇다고 해서 베트남 전쟁을 소재로 한 반전 영화에 베트남인들이 나오지 않는 것은 아니다. 간혹 미군 범죄행위의 피해자로 나타나고, 이 과정에서 양심적인 미군의 윤리 의식을 각성시키는 촉매제 역할을 하기도 한다. 〈플래툰〉에는 미군이 베트남 민간인을 학살, 구타하는 장면과 강간을 시도하는 장면이 나오기도 한다. 그러나 이 경우에도 피해자의 입장에 무게를 두고 묘사된 것은 아니고, 전쟁 수행 중 비인간화되어가는 미군의 모습과 아직 건전한 윤리 의식을 유지하고 있는 미군의 모습을 극명하게 대비시키려는 차원에서 묘사된 것일 뿐이다. 따라서 베트남인들은 전쟁의 객체와 대상으로서 '주변적' 지위에서 벗어나지 못한다. 또한 〈디어 헌터〉에서 미군 포로를 상대로 러시안 룰렛 도박을 하는 베트콩들은 우스꽝스럽고 야만적인 모습으로 그려진다.[4] 어느 경우이든 이들 반전 영화에 나오는 베트남인들은 주변적 존재로서, 그들이 자기 땅에 들이닥친 압도적인 적을 맞아 싸우는 목적과 의식은 '빈칸'으로 처리될 뿐이며, 그들은 미국인의 도덕적 타락과 피해를 부각시키는 배경과 소재로 기능하기 위해서 등장할 뿐이다. 따라서 영화를 보는 미국인의 지배적 의식 속에서 그들은 비인간화(타자화)되고 만다.

바꿔 말하면 미국의 반전 영화들에서는 오직 미국인만이 주인공, 즉 세계사의 주역으로 그려지고 나머지는—특히 제3세계 인민은—소재나 배경으로 기능할 뿐이다. 제3세계 인민들은 그들이 목숨 걸고 미국에 맞서 싸운 전쟁에서도 역사의 주체라기보다는 미국이 만드는 세계사의 피동적 객체로 그려지는 것이다. 과거의 많은 미국 영화에서 아메리카 인디언들이 미국 역사의 주체가 아니라 극복과 멸종의 대상으로, 미국사의 객체나 배경으로 다루어졌듯이 말이다. 이 점에서 베트남 전쟁을 다룬 미국의 반전 영화들은 람보 시리즈로 대표되는 오락용 전쟁 영화와 마찬가지로, 현대

---

4 일설에 의하면 러시안 룰렛이라는 반인륜적 게임은 원래 미군이 베트콩 포로를 상대로 했던 게임이다.

적·국제적 서부 활극에 불과했다.

6. 미국의 반전 영화와 제국주의적 세계관

동서고금을 막론하고 모든 제국주의 세력은 역사와 문화 창조의 주체인 식민지 인민들의 역할을 의식적으로 철저히 부인했으며, 이러한 세계관을 식민지 인민들에게 주입하는 것이 제국주의 세력의 문화 정책이나 동화 정책의 핵심이었다. 일제의 식민 사관이 그랬고 영국 역시 인도 지배를 그런 식으로 정당화했다. 이 점에서 미국의 반전 영화는 제국주의적 세계관을 충실히 반영한 것에 불과하다고 풀이할 수 있다.

결과적으로 미국의 반전 영화는, 의식했건 의식하지 못했건 간에, 베트남 전쟁이 미국인에 대한 범죄였을 뿐만 아니라 베트남인에 대한 범죄이기도 했다는 사실을 부각하는 데는 실패하고 있다. 객관적으로 베트남 전쟁을 살펴볼 때, 이 전쟁으로 인해 인명·재산 피해와 정신적·윤리적 고통을 더 많이 당한 쪽은 어디인가? 사망자만 놓고 봐도 5만 명 정도의 미군이 희생된 미국인가, 아니면 수백만 명에 달하는 인민이 희생된 베트남인가? 답은 너무나 자명하다. 그런데도 상대적으로 피해가 덜한 쪽의 고통을 부각하고 이루 형언할 수 없는 피해를 입은 쪽의 고통에는 침묵하는 반전 영화가 과연 무슨 의미가 있는가?

이러한 의미를 파악하는 작업은 어렵지 않다. 이는 반전 영화에 담긴 일방적·편파적 메시지의 논리를 뒤집어보면 명확히 나온다. 이러한 반전 영화가 전하는 메시지는 '반전' 자체가 아니라, '우리의 인적·물적 피해가 경미하거나 최소화될 수 있다면, 상대방의 피해가 어떠하든 전쟁은 (논리적 극단으로 몰고 가면) 무제한 수행해도 좋다'는 것일 수밖에 없다. 미국의 반전 영화는 전쟁 동기의 타당성이 아닌 수행 방식의 타당성에 의거해 전쟁에 반대하는 것이라고 말할 수 있다. 또한 전쟁 방식을 제한하는 움직임도 상대방의 피해는 고려하지 않고 '우리의 피해'만을 고려한 결과로, 집단 이기주의를 드러낼 뿐이다.

결국 미국의 통치 엘리트는 전쟁의 직접적인 피해가 미국인의 일상생활에 미치지만 않는다면 전쟁을 수행해도 좋다는 메시지를 반전 영화로부터 받은 셈이었다.[5] 전쟁의 직접적인 피해를 차단하기 위해서는 미군의 인명 피해를 최소화해야 하고, 전쟁 수행에 필요한 막대한 재정을 감당하느라 미국민의 조세 부담을 증가시키는 일이 없어야 한다. 따라서 가장 이상적인 전쟁은 단기전이면서 미국의 인적·물적 피해를 최소화하는 전쟁이다. 전쟁의 동기가 정당한가, 또는 적에게 입힌 피해가 필요하고 적절한 한도 내에서 제한되었는가 등은 아예 고려되지 않거나 부수적으로 참작될 뿐이다. 대중 매체를 포함한 갖가지 상징 기구를 동원·조작해서 전

---

5 이에 대해서는 1991년 5월투쟁을 분석한 1장의 '일상과 정치'에 대한 논의를 참조할 것.

쟁의 발단과 명분, 상대방이 입은 피해, 미군의 반인도적 행위 등은 은폐하거나 축소할 수 있지만, 미국인이 피부로 느끼게 되는 미군 등 전쟁 참가자들의 인적 피해는 은폐하거나 조작하기가 지극히 어렵다. 베트남 전쟁 당시 미국민의 대다수가 반전 여론에 동조한 가장 중요한 이유는 (반전 영화의 내용 분석에서 드러났듯이) 베트남 전쟁이 자신들의 '고귀한 아들들'에게 막대한 피해를 입히기 때문이었지, 제국주의적 전쟁이자 베트남 인민 다수의 의사에 반하는 전쟁이고, 화학무기나 대대적인 공습을 통해서 베트남의 생태계와 생활 기반을 회복 불능 수준으로 파괴하기 때문은 아니었다. 적국의 물적·인적 피해 규모에 신경을 쓰더라도, 그것은 기껏해야 국제 여론을 의식한 부수적인 고려 사항일 뿐이었다. 전쟁 수행 중 이를 가급적 최소화해야 한다고 해도, 그것은 전쟁 수행 방식을 규제하기보다는 보도 통제나 증거 인멸을 통해서 은폐해야 할 사안에 불과한 경우가 더 많았을 것이다.

7. 전쟁을 지지하게 만드는 미국 반전 영화

다시 미국-이라크 전쟁에 대한 이야기로 돌아오자면, 반전 영화에 대한 이상의 논의를 통해 짐작할 수 있듯이 미국-이라크 전쟁에서도 대중 민주 국가인 미국의 통치 엘리트가 더 염려한 것은 이라크의 전쟁 수행 능력이나 '사막에서의 전쟁'이라기보다는 언제

터질지 모르는 국내의 반전 여론이었다. 미국 행정부는 이라크 전쟁을 수행하는 동시에 반전 여론의 비등이나 반전 시위의 확산을 방지해야 했으니, 이중의 전쟁을 치르고 있었던 셈이다. 부시 행정부가 지상전 개시 시기를 둘러싸고 고심한 것도 그 때문이었다. 단순히 이라크에 이기는 것이 목적이었다면 큰 대가를 치르더라도 대대적인 전력을 투입해 조기에 전쟁을 끝낼 수도 있었을 것이다. 그러나 조기 지상전 수행으로 미군의 인명 피해가 커진다면 반전 여론과 반전 시위를 예방하거나 진화하는 데 큰 어려움이 있을 터였다. 나아가 지상전과 더불어 전쟁이 길어질 경우에는 미군의 인명 피해도 자연히 증가해 반전 여론이 점화·확산될 가능성이 있었다. 결국 미국 행정부는 이라크의 전쟁 수행 능력과 의지를 꺾기 위해서 한 달 이상 전무후무한 공습을 감행했고, 이 작전은 예상대로 미군의 인적 피해를 줄이는 데 성공했다. 그러니 미국의 입장에서는 주로 타국의 전비 부담으로 수행되었고 미군 병사들의 피해가 미미한 미국-이라크 전쟁이 자국이 치른 가장 성공적이고 이상적인 전쟁의 모델로 인식되었을 것이다. 미국-이라크 전쟁의 종결과 더불어, 이라크의 참혹한 파괴와 막대한 인명 피해는 아랑곳하지 않고 미국 전역이 축제 분위기에 휩쓸린 것도 이러한 맥락에서 이해할 수 있다.

여기서 다시 한 번 확인된 것은 미국의 반전 여론에 담긴 미국식 '인도주의'가 윤리적·초민족적 의미의 인도주의가 아니라는 점이다. 미국이 자국의 인명 피해에는 민감하게 반응하면서 적국의 인명 피해에는 둔감하거나 침묵을 지키는 것만 봐도 그렇다. 예컨대 미국-이라크 전쟁 최초의 지상전인 카푸지 전투에서 미국이 허를 찔려 미군 열한 명이 전사하고 여군을 포함한 미군 두 명이 포로로 잡히자 (반전 여론의 비등을 우려한) 미국 행정부는 당혹감을 감추지 못했다. 또한 미국 행정부는 미군의 성공적인 공습은 의기양양하게 보고하면서도 이라크의 인민들이나 민간 시설이 입은 피해에는 의도적으로 침묵을 지켰고,[6] 심지어 이를 보도한 CNN 텔레비전의 피터 아닛 기자에게는 미 당국자가 노골적으로 불쾌감을 표하기도 했다.

이 점에서 미국 행정부는 미국 반전 여론의 논거가 '모든 인간'의 생명의 고귀함에 있는 것이 아니라 '미국인'의 생명의 고귀함에 있다는 사실을 예리하게 포착하고 있었다고 볼 수 있다. 프랑스혁명을 주도한 계급인 부르주아지가 선언한 인권 개념이 표현상으로는 모든 인간을 포함하지만 실제로 모든 인간에게 적용되는 개념이 아니라 (혁명을 위해 피와 땀을 바친 노동자와 농민을 제외한) 부르주아지(물론 남성)의 얼굴로 나타나는 계급성을 가졌듯이, 반전 영화에 드러난 미국인의 인도주의 역시 미국인(대부분 백인)을 위한 민족 중심적(인종주의적) 집단 이기주의의 한 표현에 불과하다는 점은 명약관화하다.

---

6 물론 이러한 침묵이 일종의 양심의 가책을 반영한다고 해석할 수도 있다. 그렇다 하더라도 여기서 드러나는 것은, 앞에서 지적했듯이, 미국이 이라크 인민에게 입힌 피해를 전쟁을 자제하는 계기로 삼기보다 은폐하려 했다는 사실이다.

이런 점에서 미국의 통치 엘리트는 베트남 전쟁에서 얻은 뼈아픈 교훈을 그후에 일어난 미국의 군사 개입이나 전쟁(니카라과·그라나다·파나마·이라크와 벌인 전쟁)에 철저히 적용했다. 그들은 똑같은 실수를 반복할 만큼 어리석지 않았다. 미국민 중에 제국주의적 전쟁 수행을 윤리적·원칙론 차원에서 반대한 사람은 소수에 불과하며, 다만 전쟁이 장기화되어 미군의 인적 피해와 재정 부담이 증대될 경우에 많은 사람들이 집단 이기주의 차원의 반전 여론과 반전 운동에 가세했다는 사실을 베트남 전쟁을 통해서 배웠다. 역사적으로 미국의 반전 운동 세력은 대체로 추상적인 원리나 가치를 내세우기보다는 미국인의 구체적인 이해관계에 호소함으로써 반전 여론을 동원·확산할 수 있었다. 미국 대학가 반전 시위의 중요한 행위 중 하나가 징집 카드draft card 불태우기였다는 것이 이를 단적으로 증명한다. '베트남 인민들의 피해 방지'라는 '타인의 선善'을 위한 반전이라기보다는 '우리의 피해 방지'를 위한 반전임을 상징적으로 보여준 것이다.

물론 반전 운동의 지도부에는 원칙론적인 전쟁 반대론자들이 포진해 있었겠지만, 적어도 반전 여론과 시위를 이끌어내는 과정에서 그들은 설득력이 떨어지는 '낯선 타인의 선'이 아니라 '친숙한 우리의 피해(이익)'라는 손쉬운 미끼를 거절할 수 없었다. 이 점에서 미국의 반전 운동은 일관성 있는 이데올로기에 입각한 원칙론적 반전을 부르짖은 것이 아니었다. 오히려 대중의 마음을 쉽게 움직일 수 있는 최대공약수로서의 '우리의 피해 방지'에 호소하는,

집단 이기주의의 발로였다. 결국 이러한 반전 운동이 대중적 성공을 거둠에 따라 어떤 면에서는 성공보다 더 중요한 반전의 윤리적 · 원칙적 의미는 퇴색하게 되었고, 집단 이기주의의 한 형태인 공리주의가 빛을 발하게 되었다.

결과적으로 미국의 반전 운동가들은 미국인들의 당장의 이해관계에 의지해 반전을 호소함으로써 전쟁을 중지시키는 데는 성공했으나, 반전 운동을 통해 미국인들을 도덕적으로 각성 · 고양시키는 데는 실패했다. 이후 미국 행정부가 관철해낸 압도적으로 우세한 전쟁 수행 방식과 그에 대한 미국민의 열렬한 지지가 이를 극명히 드러내준다. 만약 베트남 전쟁 반대 운동이 베트남 인민의 무고한 희생을 우선 강조하고 베트남 전쟁 반대 영화가 베트남 인민에게 미국이 저지른 잔혹하고 야만적인 일들을 부각하는 데 관심을 쏟았다면 1970년대의 '반전反戰' 여론이 이렇게 쉽게 '반전反轉'되어 대중이 이라크 전쟁을 열렬히 지지하게 되지는 않았을 것이다.

이처럼 반전 여론이 반전된 것에 대해서는 미국의 통치 엘리트가 반전 영화 등의 상징 조작 기구를 통해 미국 민중의 반전 여론과 반전 운동을 자신들이 원하는 방향으로 유도한 결과라고 해석할 수도 있을 것이다. 말하자면 베트남 전쟁을 소재로 상업 영화를 만드는 과정에서 인류 보편의 가치인 반전이라는 무거운 주제는 일단 '세척'해버리고 베트남 전쟁에 참전함으로써 미국인이 입게 된 피해만을 부각했다고 볼 수 있다. 이런 반전 영화는 일종의 반문화counter-culture를 형성해 미국 지배 문화의 한 변형물로 자리

잡게 되었고, 미국식 반전은 제한된 의미를 띠게 되었다. 따라서 미국의 지배 이데올로기는 한편으로는 람보 시리즈 같은 호전적인 영화를 통해서 단순하고 무지한 미국인들로부터 미국이 과거에 수행했거나 앞으로 수행하게 될 제국주의적 전쟁에 대한 일정한 지지와 찬성을 유발하고, 다른 한편으로는 이런 식의 반전 영화를 통해서 일정한 재산과 교양을 갖춘 중산층 미국인들로부터 (전쟁 수행 방식에서의 일정한 양보와 자제를 받아들이는 조건으로) 전쟁에 대한 지지를 이끌어내는 방식으로 작용했다고 해석할 수 있다.

8. 미국의 반전 영화를 보는 제3세계의 시각

그렇다면 한국과 같은 제3세계 인민은 이러한 미국의 반전 영화를 어떻게 받아들였을까? 〈디어 헌터〉, 〈지옥의 묵시록〉, 〈플래툰〉, 〈7월 4일생〉 같은 미국 반전 영화는 여러 상을 받았고 한국에서도 흥행에 꽤 성공했다. 한국의 관객들도 전쟁으로 인해 비인간화되며 육체적 피해와 정신적·윤리적 고통을 겪는 주인공들에게 깊은 연민의 정을 느끼면서, 전쟁은 '역시' 해서는 안 될 일이라고 생각하면서 영화관을 나섰을 것이다. 이러한 태도는 1990년경 인기리에 방영된 국내 텔레비전 드라마 〈야망의 계절〉에 나오는 건설회사 사장처럼 베트남 전쟁을 단순히 돈벌이로 여기는 태도보다는 훨씬 고귀한 것이리라.[7] 그런데 한국의 많은 관객들은 미국인과 마찬가지로 가해자(미국인)의 시각에서 가해자의 피해에만 주목하고 피해자인 베트남 인민들의 고통과 피해에는 무지하거나 무관심한 채로 영화관을 나서지는 않았을까?

대부분의 한국 국민들은 이들 반전 영화의 배경이나 소재가 된 베트남과 베트남 인민들을 잘 알지 못할 뿐 아니라 관심도 없었을 것이다. 따라서 미국 관객들과 마찬가지로 말런 브랜도나 마틴 신 같이 친근한 영화배우가 분한 미국인 주인공들에게 더 많은 관심을 쏟았을 것이다. 즉 한국 관객들 대부분은 미국인의 입장에서 그 영화들을 관람했을 것이다. 영화에 나오는 베트남 인민들의 우스꽝스럽고 가련한 모습에 가벼운 동정이나 경멸을 느끼면서, 우리는 적어도 그들보다는 발전된 '문화 국민'이라고 자부심을 느끼면서 관람했을 것이다. 따라서 한국 국민들 역시 베트콩을 중심으로 한 베트남 인민들이 막대한 인적·물적 피해를 무릅쓰고 세계 최강국인 미국을 상대로 싸운 이유에 관심이 없거나 잘 몰랐다고 보는 편이 합당할 것이다. 또한 대부분의 한국 국민들은 전쟁 중에 미국이 베트남 인민들에게 자행한 잔혹 행위는 물론, 베트남 전역에서 미국이 고엽제 등 화학 무기를 사용함으로써 베트남 국토의 상당 부분이 황폐화되었다는 사실도 잘 알지 못했다. 심지어 베트

---

7 베트남 전쟁 당시에는 이 전쟁을 돈벌이로 여기는 사고방식이 유별난 것이 아니었고, 한국의 정치 지도자들 역시 그러한 사고방식으로 파병을 결정했다. 당시 외무부 장관을 지낸 이동원은 1991년 2월 말 국제학술원이 개최한 세미나에서 한국의 베트남 참전은 돈 때문이었다고 술회한 바 있다(《한겨레》 1991년 3월 2일 참조).

남에 파병된 한국군이 베트콩은 물론 베트남 민간인들을 어떻게 다루었는지에 관해서도 대체로 무관심했다.

그러나 만약 6·25전쟁을 소재로 한 미국의 반전 영화가 한국에 상륙했다고 가정한다면 상황은 달랐을 것이다. 6·25전쟁으로 인한 한민족의 육체적·정신적 고통을 생생하게 기억하고 있는 한국인들에게 참전 미군의 정신적 고뇌와 고통을 묘사한 미국의 반전 영화는 사치스럽거나 과장된 영상으로 비쳤을 가능성이 대단히 높다. 미군 전사자는 4~5만 명에 불과했지만, 한민족은 적어도 130만 명의 사망자와 1,000만 명의 이산가족이라는 상상할 수도 없는 피해를 입었기 때문이다. 게다가 6·25전쟁을 소재로 한 미국의 반전 영화가 한국인에 대한 인종주의적 경시나 편견을 노골적으로 드러내기라도 했더라면 한국인들의 분노는 극에 달했을 것이다. 실제로 그런 사례가 있다. 반전 영화는 아니지만 6·25전쟁을 소재로 한 〈매시MASH〉('MASH'는 '육군 이동 외과 병원Mobile Army Sergeon Hospital'의 약어다)라는 미국의 인기 텔레비전 드라마[8]가 한국인의 생활상에 대한 무지와 노골적인 인종주의를 드러낸다는 이유로 재미 교포들의 거센 반발을 초래했던 것이다.

또한 〈매시〉에 그려진 6·25전쟁과 한국인의 모습을 보면서 확인할 수 있는 것은 미국인의 입장에서는 한국인이나 베트남인이나 매한가지라는 사실이다. 게다가 만약 미국인이 6·25전쟁을 전

---

8 이 드라마는 주한미군 방송인 AFKN에서도 방영되었다.

후한 빨치산 활동을 다룬 한국 영화 〈남부군〉이나 〈태백산맥〉을 봤다면 거기 나오는 빨치산들을 한국판 베트콩으로 인식했을 것이 분명하다. 그런데도 베트남 전쟁을 소재로 한 미국의 반전 영화를 보는 한국 관객들은 이러한 사실을 편리하게 망각한 채 미국인의 입장에서 베트남 인민들을 현대판 오랑캐로 보면서 그들의 고난을 즐기지는 않았는지 돌아봐야 한다. 그런데 이러한 상황은 근세 이전 역사에서도 경험한 바 있다. 당시 중국인(한족)은 베트남인, 일본인, 조선인 등 주변 민족들을 다 같이 오랑캐로 여겼지만, 중국 문화에 심취한 조선의 사대부들은 이를 무시하려 했다. 비록 동쪽 오랑캐지만, 조선이 문화 수준에서는 중국에 버금가는 '소중화小中華'라고 어설프게 자위하면서 베트남인이나 일본인에 대해 문화적 우월감을 느끼고 이를 유지하고자 부심하지 않았던가.[9]

9. 인식의 전환을 위하여

비서구 세계의 인민들이 미국의 반전 영화를 보면서 미국의 세계관을 무의식적·무비판적으로 수용하게 된다는 통찰은 제국주

---

9 그러나 19세기 말 베트남이 서구 제국주의에 정복당한 뒤 20세기 초에 조선에서는 중국에서 출판된《월남 망국사》가 번역되어 널리 읽혔는데, 이때 조선인은 서구 제국주의 시각이 아니라 제국주의의 침략에 직면해 풍전등화의 운명을 공유하는 동아시아인의 시각에서 이 책을 읽었다는 점도 상기할 필요가 있다.

의적 문화 침투에 대한 경계가 필요하다는 당연한 명제를 상기시킨다. 반전 영화는 미국 문화의 일각에 불과하고, 우리보다 기술적으로 앞섰고 질적으로 세련된 미국 문화에 탐닉하다 보면 우리는 독자적인 세계관을 형성하지 못하거나 잃게 될 수도 있다. 그러다가 결국에는 한국인이면서도 미국인 중심의 사고를 하게 되어, 우리 자신의 사고에서조차 주변화되고 만다.[10]

지배적인 타민족의 세계관을 우리 민족의 세계관으로 내면화한 예는 우리가 일제의 한국 강점을 일제의 용어를 따라 한때 한일 '합방'이라 부르고, 베트남 전쟁에서 미군이 무자비한 공습과 우세한 화력으로 베트콩 치하의 마을을 점령한 후 같이 들어온 베트남인 지주들에게 토지를 나누어 주고 무고한 농민들을 무자비하게 살해한 일을 미국의 용어에 따라 '평정平定'이라 부른 데서도 쉽게 발견된다. '합방'이란 둘 이상의 국가가 상호 합의에 의해 한 국가로 합치는 것을 뜻하는 단어이고 '평정'이란 경우에 따라 무고한 민간인을 무자비하게 학살한 후 이를 평온하게 진정했다고 표현하는 단어이니, 우리는 자신도 모르게 이러한 단어들을 통해서 우리(또는 피해자)에게 평화롭지 못한 현실을 지배적 국가의 입장에 따라 평화로운 시각으로 보게 된다. 그러나 고통스러운 현실에 적용될 경우 이 단어들은 현실을 위장한다. 그리고 그러한 위장이

---

10 필자는 2004년에 《서구중심주의를 넘어서》라는 저서에서 이 주제를 심도 있게 다루었다.

압제자의 (보고 싶어 하는 또는 안주하려는) 세계관을 반영하는 것에 불과할 때, 그런 세계관을 제3세계 인민들이 무비판적으로 받아들인다면, 미국의 반전 영화를 미국인의 입장에서 무비판적으로 감상하는 것과 다를 바 없는 문제를 야기한다.

　오늘의 한국 현실을 볼 때 과거 중국의 화이관華夷觀에 깊이 잠식되어 있었던 조선에서 다수 양반들이 범했던 과오에서 벗어나 있다고 자신 있게 말할 수 있을까? 과연 한국의 집권 세력이나 일반 대중이 미국의 세계관에 포위되지 않은 독자적인 세계관을 가지고 있다고 말할 수 있을까?[11] 이 질문에 대한 대답은, 1991년 미국-이라크 전쟁 당시 이 전쟁을 대하던 정부의 자세나 미국의 시각을 좇아 보도하던 주요 언론의 태도로 미루어 볼 때, 부정적이다.[12] 역사의 도도한 흐름을 객관적으로 파악하지 못하고 강대국의 시각에 갇혀 세계를 보는 한, 기존 강대국이 패망하면 새로 출현한 강대국을 다시 우리의 주인으로 삼는 식으로 이른바 상국을 바꾸어가면서 계속 식민지나 정신적 노예의 상태로 남아 있게 될 것이다. 바로 이것이 지난 150년간 우리 역사가 가르쳐준 교훈이다. 역사에서 배우지 못하는 민족은 역사의 주체가 아니라 제물로

11　이러한 문제의식을 갖고 있다고 해서 필자가 미국-이라크 전쟁과 관련해 우리가 친이라크적 시각을 취해야 한다고 주장하는 것은 아니다.

12　2003년 제2차 미국-이라크 전쟁이 발발했을 때 필자는 한국 언론과 한국인들의 시각이 과거보다 훨씬 중립적으로 개선되었음을 목격했고, 이에 고무되었다. 그리고 2000년대 초반 이후 한국 사회에서 목격되는 탈서구중심주의적 각성과 경향에 대해서《서구중심주의를 넘어서》제1장에서 상세히 논했다.

존재할 뿐이다. 바야흐로 중국의 굴기로 세계 질서가 미국과 중국 양강 구도(G-2)로 재편되는 21세기 현재의 상황에서 우리는 이러한 교훈을 다시 한 번 깊이 되새겨봐야 할 것이다.

부록 1

1991년 5월투쟁

(1991년 4월 26일~6월 29일)[1]

91년 5월투쟁은 강경대 치사 사건이 발생한 1991년 4월 26일부터, '고 강경대 열사 폭력 살인 규탄과 공안 통치 분쇄를 위한 범국민대책회의'(이하 '범국민대책회의') 지도부가 명동성당에서 완전히 철수한 6월 29일까지 60여 일에 걸쳐 전국적으로 펼쳐진 수많은 반정부 시위와 집회를 일컫는다. 이 기간 동안 전국적으로 2,361회의 집회(비공식 집계)가 열렸으며, 6공화국 이후 최대 규모의 시위들이 잇따라 일어났다. 그 과정에서 학생, 생존 위기에 내몰린 빈민, 노동자 등 열한 명이 분신을 시도했으며, 시위를 강경 진압하는 과정에서 성균관대 학생 김귀정이 질식사하고 한진중공업 노조 박창수 위원장이 의문사했다(김정한 2002, 46~47쪽).

1. 5월투쟁의 발발(4월 26일~5월 4일)

91년 5월투쟁은 초기부터 1987년 6월항쟁과 비교되었으며, '제2의 6월항쟁'으로 불리기도 했다. 그런 만큼 당시 6월항쟁은 5월투

---

1 부록 1은 2010년 서강대학교 정외과 박사 과정에 재학 중이던 김현아가 작성했다.

쟁을 인식하고 해석하는 주요한 기준이 되었다(김정한 2002, 48쪽).

1987년 민주화 운동 세력의 대선 패배에도 불구하고, 어쩌면 그 패배로 인해 더더욱, 6월항쟁으로 달아올랐던 대중의 민주화 열망은 식지 않고 지속되었다. 6월항쟁을 겪으면서 대다수 한국인들은 한국 사회의 민주화를 불가피한 과제로 받아들이게 되었다. 그러나 노태우 정권은, 문익환 목사 방북 사건(1989년 4월)을 계기로 공안 정국을 조성해 사회 운동 세력을 대중으로부터 고립시키고 탄압하기 시작했다. 또한 민주화 운동 세력까지 포함하는 3당 합당, 즉 집권 여당인 민정당, 김종필의 공화당, 김영삼의 민주당의 3당 합당(1990년 1월)으로 거대 여당인 민자당을 출범시킴으로써, 민주화 열기를 잠재우고 정치 안정을 도모해 1992년 대선에서 정권을 재창출하려 했다.

3당 합당으로 6월항쟁 이후 제기되었던 민주적 과제들은 변형되거나 유보되었다. 노태우 정권은 노동조합법 관련 법안을 폐기하고(1990년 2월 13일), 군 조직법 개정안을 날치기 처리했으며(1990년 3월 12일), 경제정책을 성장 위주로 전환하고 금융실명제도 유보했다(1990년 3월 17일). 그리고 '범죄와의 전쟁'을 선포하고(1990년 10월 13일) 이를 명분으로 사회 운동 세력에 대한 물리적 탄압을 강화했다. 이에 따라 사회 운동 세력은 '노태우 정권 퇴진 투쟁'을 가능한 유일한 대안으로 인식하게 되었다. 이들은 민주화라는 과제를 진척시킬 유일하고도 확실한 길로서 '제2의 6월항쟁'을 꿈꾸었다(김정한 1997, 11쪽 ; 김정한 2002, 48쪽 ; 김정한 2004,

163쪽).

한편, 노태우 정권에 의한 3당 합당은 민자당 내부에서 강경파와 온건파 간의 균열을 초래했다. 이는 차기 집권을 둘러싼 균열이어서 타협을 통해 봉합될 수가 없었다. 민자당 내 강경파의 선봉인 노재봉 내각은 공안 통치를 주도하면서 정국을 경색시켰는데, 강경파와의 권력 투쟁에서 유리한 위치를 확보하려는 김영삼 등의 온건파와 정치적 입지를 넓히려던 야당은 공안 통치를 종결시키는 데 이해관계를 같이했다. 그 결과 1991년 4월 1일 김영삼 민자당 대표최고위원은 김대중 평민당[2] 총재와 만나 '공안 정치 배격'을 포함하는 5개 항(내각제 반대, 소선거구제 유지, 공안 정치 배격, 광역의회 선거 6월 실시, 4월 국회에서 개혁 입법 처리)에 합의했다(김정한 1997, 11쪽).

이러한 상황에서 1991년 4월 26일, 명지대 1학년생 강경대가 시위 도중 백골단의 쇠파이프에 맞아 사망하는 사건이 발생했다. 민자당 온건파와 야당은 이 사건을 공안 정국을 종식시키고 노재봉 내각을 교체하는 계기로 삼으려 했다. 한편, 6월항쟁을 계승하고자 한 사회 운동 세력에게는 폭력 진압에 의한 강경대의 죽음이 6월 항쟁의 도화선이었던 박종철과 이한열의 죽음을 상기시켰다. 이 때문에 강경대 치사 사건에 대한 사회 운동 세력의 반응은 매우 즉

---

2 평화민주당(평민당)은 1991년 4월 15일 신민주연합당(이하 '신민당')으로 당명을 바꾸었다.

각적이고 폭발적이었다. 사건 다음 날인 4월 27일, 44개 사회 운동 단체가(이후 55개 단체로 늘어남) '고 강경대 열사 폭력 살인 규탄과 공안 통치 분쇄를 위한 범국민대책회의'(이하 '범국민대책회의')를 결성했다. 범국민대책회의는 강경대 치사 사건을 "노태우 군사 독재 정권이 민중을 상대로 전쟁을 선포한 이후 지속된 공안 통치의 필연적 결과"로 규정하고, 대통령의 사과, 노재봉 내각 총사퇴, 백골단 해체, 관련 책임자 처벌이라는 네 가지 요구 조건을 제시했다. 그리고 29일에는 '고 강경대 열사 폭력 살인 규탄과 공안 통치 분쇄를 위한 범국민대회'를 개최했는데, 여기에는 전국에서 5만여 명이 참가했다(91년 5월투쟁 청년 모임 2002, 260쪽 ; 김정한 1997, 11~13쪽 ; 김정한 2002, 46 · 48~50쪽).

　노태우 정권 역시 강경대 치사 사건을 수습하기 위해 신속히 대응했다. 4월 27일 안응모 내무부 장관이 바로 경질되었고, 관련 경찰서장과 현장을 지휘하던 중대장도 직위 해제되었다. 4월 30일에는 노재봉 국무총리가 대국민 사과를 했고, 5월 2일에는 노태우 대통령이 간접적으로나마 유감의 뜻을 밝혔다. 그리고 검찰도 진압 전경 다섯 명을 즉시 구속했다. 그러나 정부는 이 일을 불법 폭력 시위에서 비롯된 사건으로, 일부 전경의 감정적 과잉 진압에 의해 발생한 '우발적 사건'으로 규정했다. 여당인 민자당도 범국민대책회의가 제시한 네 가지 요구 조건 가운데 백골단 해체에 대해서는 불가 방침을 고수했다. 한편, 야당인 신민당과 민주당은 범국민대책회의의 요구 조건을 수락할 것을 정부에 촉구하면서도 일단

원내 투쟁에 주력한다는 방침을 세웠다(김정한 1997, 13쪽 ; 김정한 2002, 48~49쪽).

이 와중에 4월 29일, 전남대 학생 박승희의 분신 사건이 일어났다. 박승희의 분신은 강경대 치사 사건과 5월투쟁을 잇는 고리이자 실질적으로 5월투쟁을 촉발한 도화선이 되었다. 박승희에 이어 계속된 분신과 5월 1일의 '세계 노동절(메이데이) 102주년 기념대회', 5월 4일 전국 21개 지역에서 20만 명이 참여한 '백골단 해체 및 공안 통치 종식을 위한 범국민대회' 등을 거치며 5월투쟁은 걷잡을 수 없이 확산되어갔다(김정한 1997, 12·14쪽 ; 김정한 2002, 47·49~51쪽 ; 조현연 2002, 28쪽).

2. 5월투쟁의 전개(5월 4일~5월 18일)

박승희 분신 사건 이후에도 분신은 끊이지 않았다. 분신을 결행한 학생 등 젊은이들의 유서는 그들이 자신의 희생을 통해 민주화 투쟁이 보다 강화·확대되기를 염원했음을 보여주었다. 그러나 노태우 정권은 이들의 분신이 민주화 투쟁의 일환임을 부정했다. 노태우 대통령은 "사회 민주화가 6공화국만큼 보장된 적이 전에는 없기 때문에 분신 대학생들을 열사 등으로 호칭할 수 없다"고 주장했다. 그리고 1970년대 민주화 투쟁의 상징이었던 김지하 역시 5월 5일자《조선일보》에 발표한 글에서 젊은이들의 분신을 격렬

하게 비난했다. 잇단 분신을 '네크로필리아', 즉 시체선호증에 빗
댄 김지하의 비난은 당시 상당한 사회적 파문을 일으켰고, 이로 인
해 그는 민족문학작가회의에서 제명당하기도 했다. 그러나 김지
하의 발언은 5월 8일 전국민족민주운동연합(이하 '전민련') 전 사회
부장 김기설의 분신 직후 기자회견을 자청한 박홍 서강대 총장의
'죽음을 선동하는 어둠의 세력이 있다'는 주장으로 이어졌으며, 이
후 이 주장은 '분신배후설'과 '유서 대필 사건' 등이 만들어지는 데
결정적인 계기가 되었다(김정한 2002, 51~54쪽).

　91년 5월투쟁의 직접 원인은 '죽음과 분신'이었지만, 투쟁이 전
개됨에 따라 대중은 생존권과 관련된 요구도 함께 쏟아내기 시작
했다. 당시에는 1986~1988년에 저달러·저유가·저금리의 3저 호
황 속에서 축적된 자본이 1990~1991년 부동산·금융 투기에 집
중되면서 집값과 물가가 폭등한데다 인플레이션이 심화되어 대
중의 생존권이 직접 위협받고 있었다. 게다가 1989년의 공안 정국
과 1990년의 '범죄와의 전쟁' 선포 이후 정권의 집중 탄압을 받은
전국노동조합협의회(이하 '전노협')를 비롯한 민주노조 운동 세력
은 당시 노태우 정권과의 전면 투쟁이 불가피한 상황에 처해 있었
다. 이 와중에 발생한 5월 6일 한진중공업노조 위원장 박창수의 의
문사는 노동자들이 5월투쟁에 집단 참여하는 계기가 되었다. 5월
7일 전노협과 대기업 연대회의 등이 참여한 전국노동자 대책위원
회는 9일의 시한부 연대 파업과 15일 이후의 총파업을 예고하며
반정부 투쟁을 선언했다. 이로써 노동자, 빈민, 농민 계층과 일부

학생 운동 세력을 중심으로 한 생존권 요구가 5월투쟁의 주요 담론으로 자리 잡게 되었다(김정한 2002, 55~57쪽 ; 김정한 2004, 165쪽 ; 전재호 2004, 34쪽).

5월투쟁을 주도한 세력은 민자당 창당 1주년인 5월 9일을 '민자당 해체의 날'로 선포하고 전국적으로 '민자당 해체와 공안 통치 종식을 위한 범국민대회'를 개최했다. 그 결과 전국 87개 시도에서 6공화국이 들어선 이래 최대 규모인 약 50만 명이 거리 시위를 벌이면서 5월투쟁이 크게 확산되었다. 이후 5월 14일 '애국 학생 고 강경대 열사 민주국민장'이 경찰의 봉쇄로 무산되고 18일 다시 장례식이 열리기까지, 전국에서 40~50만 명이 시위와 파업에 동참했다. 특히 5월 18일에는 광주항쟁 11주년 기념대회와 맞물려 81개 시도에서 집회와 시위가 벌어졌다. 또 전노협과 대기업 업종회의 등이 참여한 전국노동조합 공동투쟁본부(이하 '전국투본')가 정치적 총파업을 주도하여, 148개 노동조합에서 9만여 명이 투쟁에 참가했다(김정한 1997, 50쪽 ; 김정한 2004, 166쪽 ; 전재호 2004, 34쪽).

한편, 5월투쟁 초기에 결성된 범국민대책회의는 5월 4일 백골단 해체 투쟁과 5월 9일 민자당 해체 투쟁에서 각기 20만 명과 50만 명이 넘는 대중이 참여하자 투쟁 목표를 '노태우 정권 퇴진과 민주정부 수립'으로 확대했다. 5월 15일에는 '공안 통치 분쇄와 민주정부 수립을 위한 범국민대책회의'로 명칭을 변경하고, '당면 투쟁 10대 과제'도 새롭게 제시했다. 그리고 18일부터 명동성당에서 농성에 돌입했다(김정한 1997, 18~19쪽 ; 김정한 2002, 50쪽).

이러한 사회 운동 세력의 저항에도 불구하고 노태우 정권의 강경 대응 방침은 쉽게 변하지 않았다. 그러나 정권 내 강경파와 온건파의 대립은 강경대 치사 사건 직후부터 표면화됐다. 핵심 쟁점은 '노재봉 내각의 사퇴'였으며, 김영삼 민자당 대표최고위원을 비롯한 민주계는 시국 수습 방안으로 노재봉 내각 전면 개편을 주장했다. 이에 민자당 강경파는 5월 3일 여야 긴급 총재 회담을 제안했다. 그러나 민자당 온건파와 이해관계를 공유하는 신민당은 노재봉 내각 총사퇴를 전제 조건으로 내세우며 총재 회담을 거부했고, 이 조건이 수락되지 않는다면 장외 투쟁에 나설 것임을 경고했다. 하지만 민자당은 5월 10일 국가보안법과 경찰법 수정안을 날치기 통과시키고 노재봉 내각 사퇴를 거부했으며, 5월 11일 노태우 대통령 역시 김영삼 민자당 대표최고위원과의 청와대 회동에서 투쟁 세력에 대한 강경 대응이라는 기본 방침을 재확인했다. 그러나 이후 5월투쟁의 확산으로 민자당 강경파의 정치적 입지는 급격히 축소되었다(김정한 1997, 20쪽).

3. 5월투쟁의 소멸(5월 18일~6월 29일)

5·18 국민대회, 고 강경대 열사의 장례식, 총파업 등으로 5월투쟁이 최고조에 달하면서 민자당 강경파의 입지가 좁아짐에 따라, 강경 대응에 집착하던 노태우 정권도 대화와 타협에 나서기 시작

했다. 노태우 정권은 민주화 운동 세력의 상징적 대표성을 띤 김영삼과 김대중의 요구안을 수용하는 선에서 5월투쟁을 마무리하고자 했다. 당시 김영삼 민자당 대표최고위원과 김대중 신민당 총재는 노재봉 내각 사퇴, 내각제 개헌 저지에는 이해관계가 일치했다. 따라서 노태우 정권은 5월 22일 공안 통치를 주도하던 노재봉 국무총리를 자진 사퇴시켰으며, 25일에 정원식을 국무총리로 임명하고 4개 부처 장관을 경질해 내각을 개편했다. 그리고 5월 28일에는 '민심 수습 대책'을 발표해 내각제 개헌 포기를 선언하고 대통령 직선제를 기정사실화했다. 이로써 김영삼 민자당 대표최고위원은 차기 대통령 후보 자리를 노릴 수 있게 되었으며, 김대중 신민당 총재는 제1야당의 입지를 재확인하면서 정국 주도권을 되찾을 계기를 마련했다.

또한 5월 24일 노태우 정권은 광역의회 선거일을 6월 20일로 확정해, 5월투쟁을 통해 최대 이익을 챙긴 야당과 함께 선거 국면으로의 전환을 꾀했다. 이에 따라 야당은 물론 사회 운동 세력 내의 야당 지지 세력도 광역의회 선거 일정에 맞춰 투쟁 수위를 조절하기 시작했다. 그리고 이들이 사실상 '선거 투쟁'으로 노선을 전환함에 따라, 사회 운동 세력 내부의 균열은 가속화되었다. 범국민대책회의는 일단 정략적으로 추진되는 선거를 거부해야 한다는 입장을 취했지만 이러한 흐름을 저지할 수는 없었다. 따라서 6월 1일 대중 동원력이 가장 큰 전국대학생대표자협의회(이하 '전대협')가 5기 출범식을 서울이 아닌 부산에서 개최하는 등 5월투쟁의 실질적인 정리 작업이 시작됐다(김정한 1997, 21~22쪽 ; 김정한 2002, 61 쪽 ; 김정한 2004, 167~168쪽).

한편, 노태우 정권은 타협안을 제시하는 데만 머물지 않았다. 이후 '정치적 음모'에 가까운 사건들을 조작했으며, 이는 5월투쟁의 소멸을 촉진했다. 노태우 정권이 이용한 것은 5월투쟁 내내 발생한 분신 사건이었다. 전남대 박승희 외에도 안동대 김영균(5월 1일), 경원대 천세용(5월 3일) 등 학생들이 연이어 분신했고, 전민련 사회부장 김기설의 분신(5월 8일) 이후에도 노동자·빈민의 분신이 계속되었다. 노태우 정권은 사회적으로 '정치적 순수성'을 대표하는 대학생들의 분신뿐 아니라 사회 운동가와 노동자들의 분신이 잇따른 데 대해 의혹을 제기하면서 분신배후설을 부각했고, 이에 근거해 유서 대필 사건을 조작해냈다.

이미 김지하 시인과 서강대 박홍 총장의 분신배후설이 사회적 파장을 일으킨 가운데, 검찰은 5월 18일 강기훈 전민련 총무부장에게 유서 대필과 자살 방조 혐의를 뒤집어씌웠다. 그리고 거의 모든 언론은 일제히—아무런 물증도 없이 오직 선정적인 보도를 통해—그것을 사실로 몰아감으로써 사회 운동 세력의 도덕성과 신뢰성에 치명타를 입혔다. 국립과학수사연구소의 필적 감정에 전적으로 의존했던 검찰의 수사 결과 발표는 한편에서 조작극이라는 의혹이 제기된 가운데 필적을 둘러싼 싸움과 유서 대필 논쟁을 야기했다. 진실을 두고 벌어진 이러한 공방에 대중은 크게 동요하기 시작했다. 게다가 6월 3일 한국외대에서는 국무총리 취임을 앞두고 마지막 수업을 위해 출강한 정원식 총리서리에게 학생들이 계란과 밀가루를 던지는 사건이 일어나 사제지간의 반인륜적 행위로 대서특필되었고, 이로 인해 사회 운동 세력은 폭력적이고 반인륜적인 집단으로 낙인찍히게 되었다(김정한 1997, 23~24쪽 ; 김정한 2002, 62~64쪽 ; 김정한 2004, 169쪽).

노태우 정권은 타협을 시도하고 정치적 음모를 꾸몄을 뿐 아니라 투쟁 세력에 대한 물리적 탄압을 재개했다. 강경대 치사 사건 이후 방어적이었던 경찰은 5월 18일 이후 태도를 바꾸었다. 5월 25일에는 성균관대 학생 김귀정이 시위 도중 강경 진압에 의해 질식사하는 사건이 발생했으며, 범국민대책회의의 근거지였던 명동성당은 봉쇄당했다. 6월 7일에는 범국민대책회의, 전대협, 전노협 등의 핵심 간부 107명에 대해 검거령이 내려졌으며, 검거시 1계급 특진, 정보 제공시 상금 1,000만 원이라는 포상도 내걸렸다. 또한 6월 8일 이후에는 명동성당 경찰 투입을 공론화해 사회 운동 세력을 압박했다. 이 때문에 6월 13일부터는 명동성당 측에서도 신변을 보장할 수 없다며 범국민대책회의의 철수를 종용하기 시작했다. 유서 대필 사건과 외대 사건으로 대중의 지지를 상실한 명동성당의 농성자들은 사실상 고립되는 상황에 처하게 되었다(김정한 2002, 50 · 61~62 · 66쪽 ; 김정한 2004, 170쪽).

이 시기에 야당과 사회 운동 세력 일부는 '선거를 통한 심판'을 주장하면서 5월투쟁을 자체 정리하는 수순을 밟기 시작했다. 또한 노동자들의 파업도 5월 말과 6월 초 대부분의 임금 인상 투쟁이 타결되면서 마무리되었다. 5월투쟁 기간에 동요하던 대다수 시민들 역시 점차 일상으로 돌아가고 싶어 했다. 따라서 6월 12일 김귀정 열사의 장례식이 끝나자 5월투쟁은 소강 국면에 접어들었다. 그러나 실질적으로 5월투쟁이 종결된 것은 광역의회 선거를 통해서였다. 야당은 5월투쟁의 열기에 편승해 선거에서 무난히 승리할 수 있으리라 예상했지만 결과는 정반대였다. 6월 20일 치러진 광역의회 선거에서 여당인 민자당이 과반수(564석)를 획득하며 압승했고, 신민당은 165석, 민주당은 21석, 민중당은 1석을 얻는 데 그쳤다. 이러한 상황에서 결국 수세에 몰린 유서 대필 사건의 '희생양' 강기훈은 '진실을 밝히겠다'며 6월 24일 검찰에 자진 출두할 수밖에 없었고, 6월 29일에는 명동성당에 마지막까지 남아 있었던 범국민대책회의 지도부가 철수하게 되었다. 이로써 43일간의 명동성당 투쟁도, 91년 5월투쟁도 막을 내리게 되었다(김정한 2002, 66쪽 ; 김정한 2004, 170~171쪽).

4. 5월투쟁의 의미

91년 5월투쟁은 1987년 민주화 이후 사회 운동 세력이 주도한 가장 규모가 큰 투쟁이었다. 그러나 1960년 4월 민주혁명, 1980년 5월 광주민주화운동, 그리고 1987년 6월 민주항쟁과 달리 민주화 운동사에서 모호한 위상을 차지하고 있다. 5월투쟁은 공안 통치와

3당 합당을 통해 권위주의적 통치로 회귀하던 노태우 정권에 대항해 민주화 투쟁을 재점화하려 했다는 점에서 민주화 운동임에는 틀림없지만, 독재자를 퇴진시킨 1960년 4월 민주혁명이나 직선제 개헌을 성취한 1987년 6월항쟁과 달리 가시적인 성과를 내지 못했고, 1980년 5월 광주민주화운동처럼 상징적인 의미를 부여받지도 못했다. 5월투쟁은 투쟁의 목표를 달성하지 못했을 뿐 아니라, 국가의 물리적·이데올로기적 공세에 밀려 사회 운동 세력의 도덕성이 치명상을 입는 결과마저 초래했다. 그리하여 5월투쟁은 민주화 운동을 약화시키고 역설적으로 노태우 정권에 안정을 가져다주었다는 점에서 '실패'했다는 평가를 받았고, 민주화 운동 내부에서도 '잊힌' 또는 '잊고 싶은' 역사적 사건으로 자리매김되었다(전재호 2004, 15~16쪽).

그러나 5월투쟁이 단기적인 정치적 효과 측면에서 '실패'로 드러났을지라도, 긴 안목으로 보면 '실패한 투쟁'으로 축소할 수 없다. 무엇보다 5월투쟁은 1987년 6월항쟁 이후에도 지속된 반민중적이고 반민주적인 권위주의 정권에 대한 민중 저항이었다. 5월투쟁은 6월항쟁이 오직 군부 독재 이전에 존재하던 '형식적' 민주주의 제도, 즉 대통령 직선제만을 부활시킨 데 불과했고 그것이 결코 민중의 생존권과 민주적 권리까지 보장해주지는 않는다는 사실에 대한 자각에서 비롯된 투쟁이었다. 그 때문에 5월투쟁은 전략적으로 6월항쟁에서 제기된 직선제 개헌 쟁취 같은 정치 제도에 초점을 맞추지 않고, 민중의 생존권 쟁취와 이를 담보할 수 없는 노태우 정권 타도에 초점을 맞추었다. 이 점에서 5월투쟁은 1980년대 민주화 운동의 한계를 극복하고 민주화의 과제를 보다 넓은 범위로 확장시키는 데 기여했다고 해석할 수도 있다(김윤철 2002, 109~111쪽 ; 김정한 2004, 193쪽).

또한 5월투쟁은 이후 한국 민주화 운동의 주도 세력이 바뀌는 데 중요한 전환점이 되었다. 과거 민주화 운동을 주도한 축은 학생 운동이었다. 그러나 5월투쟁을 거치면서 학생운동의 역할은 급격히 축소되었다. 91년 5월투쟁 당시에도 기본 투쟁 동력은 상대적으로 동원이 용이한 학생 대중이었으나, 노동자, 농민, 노점상, 빈민 등 기층 민중들이 투쟁 기간 내내 이들과 함께했다. 특히 5월 1일 세계 노동절 투쟁, 5월 9일 시한부 총파업, 5월 18일 총파업 등 노동 운동의 적극적인 참여는 5월투쟁이 보다 치열하고 강고하게 전개되도록 힘을 불어넣었다. 5월투쟁 기간에 기층 민중이 보여준 활약은 그동안 주요한 투쟁 주체이자 투쟁 동력의 위치를 차지했던 학생 운동 세력을 대체할 만한 민중 주체의 형성 가능성을 보여주었으며, 노태우 정권의 집중 탄압에도 불구하고 위기를 극복한 노동 운동 세력은 노동기본권 요구를 중심으로 민주화 운동에서 핵심 역할을 하게 되었다(김윤철 110~112쪽 ; 전재호 2004, 21~22 · 66~67쪽).

한편, 1980년대 말부터 등장한 시민운동 역시 1990년대 초에 급속히 성장해 노동 운동과 함께 민주화 운동을 주도하기 시작했다. 5월투쟁의 열기와 실패를 동시에 경험한 사회 운동 세력은 보다 적극적으로 대안을 모색하게 되었으며, 이는 사회 운동의 조직, 문화, 이데올로기, 활동 주체 등의 영역에서 다양성을 이끌어내는 계기가 되었다. 5월투쟁은 이후 운동 과제의 확대(여성 운동, 생태 운동, 자율주의 운동, 미시적 일상 세계의 변환), 운동 방식의 변화(탈중앙집중화, 정당 중심성 비판, 위계적이지 않은 수평적 연대), 새로운 운동 주체의 형성 등에 영향을 미쳤다. 이로써 사회 운동의 과제와 실천을 변화시키고 광범위한 민주화를 촉진했다(김정한 2004, 194쪽 ; 전재호 2004, 66~67쪽).

강경대 군의 죽음에 관한 우리의 입장[3]

대학 교육에 몸담고 있는 우리는 명지대 1학년생 강경대 군을 쇠파이프로 타살케 하고, 잇달아 전남대 박승희 양, 안동대 김영균 군, 경원대 천세용 군을 분신자살로 내몬 오늘의 정치 현실에 깊은 책임과 충격을 느끼며 현 시국에 관해 우리의 입장을 표명하고자 한다.

우리는 정부의 과잉 시위 진압으로 인하여 이런 사건들이 반복적으로 일어나는 것에 대해 기성세대로서 깊은 자책감을 금치 못한다. 더욱이 교육자로서 학생들의 성급한 행동을 자제시키지 못한 것에 관하여 자괴감을 느끼지 않을 수 없다. 뒤늦은 감이 있지만, 극단적인 의사 표시를 자제하고 장기적이고 냉철한 안목으로 현실에 대처하기를 학생들에게 당부한다.

노태우 정권은 민주와 통일을 열망하는 대다수 학생들의 시위에 내포된 우국충정의 참뜻과 노동자의 생존권 투쟁에 담긴 절박한 의미를 깨닫지 못하고 있다. 그리하여 이러한 시위와 집회를 공

3　이것은 91년 5월 투쟁 당시 서강대학교 교수들이 발표한 시국선언문이다.

안 통치와 폭력으로 억압함으로써 박종철, 이한열의 기억이 채 가시기도 전에 학생들을 타살打殺과 분신자살로 몰아가고 있다. 더욱이 현 정권은 이를 단순한 과잉 진압과 과격 시위에 의한 우발적인 사건으로 호도하고 '건전한 시위 문화'의 정착을 운운할 따름이다. 지엽적인 개선책의 공허한 약속에 의하여 일시적으로 위기를 모면하면서 강경대 군 치사 사건을 다시금 망각과 무관심으로 몰고 가고자 하는 것이다. 그러나 우리는 묻지 않을 수 없다. 정부의 최고 책임자 및 실질적인 명령자들이 침묵을 지키고 있는 상황에서 공안 통치의 또 다른 희생자에 불과한 몇몇 전경들이 구속되었다 해서 이를 어찌 정부의 심각한 반성으로 받아들일 수 있겠는가?

연초의 국회의원 뇌물 외유와 수서 사건은 말할 것도 없고 페놀 사건, 원진레이온 노동자의 직업병 사례에서 나타난 부정과 부패에 관해 현 정권은 분골쇄신의 의지를 보여야 할 것이다. 아울러 우리는 강경대 군의 죽음과 같은 이러한 사태의 재발을 방지하기 위해서 최종적 책임을 지고 있는 대통령이 '직접' 공개적으로 국민에게 사과할 것을 촉구한다. 정부는 백골단 해체, 경찰 중립화 등 시위 진압 기구 및 방식을 근본적으로 재정비하여야 할 것이다. 나아가 현 정권은 이 난국을 원만히 마무리 짓기 위해 국민의 의사를 물어 퇴진 여부를 결정지어야 한다. 또한 야당은 대권 계산에 눈이 어두워 현 정권의 불의와 부패의 공범이 되지 말고, 국민의 참뜻이

어디에 있는가 하는 것을 명확히 파악해야 할 것이다. 우리는 이러한 요구가 실현될 때까지 민주화를 열망하는 모든 세력과 연대할 것임을 굳게 다짐한다.

1991. 5. 7.

서강대 서명 교수 20명 일동

김은국의 삶과 문학[1]

이 책에서 김은국의 소설《순교자》가 비중 있게 다루어졌기에 이에 대한 독자의 이해를 돕기 위해 김은국의 삶과 문학을 소개하고자 한다. 그의 문학에 대해서는 가장 중요하고 널리 알려진 작품인《순교자 *The Martyred*》,《심판자 *The Innocent*》,《잃어버린 이름*Lost Names*》을 중심으로 살펴본다.

1. 김은국의 생애

김은국金恩國은 1932년 3월 13일, 함경남도 함흥에서 김찬도와 이옥현의 2남 2녀 중 장남으로 태어났다. 아버지 김찬도는 부유한 지주 집안 출신으로, 독립 운동 경력이 있는 지식인이었다. 작은아버지들 또한 공산당 고급 간부로 활약하거나, 일본군 장교로 있으

---

1 재미 소설가 김은국(1932~2009)은 미국에서 '리처드 김Richard E. Kim'으로 활동했다. 김은국을 소개하는 이 글은 주로 김욱동의《김은국 : 그의 삶과 문학》(서울대학교출판부, 2007)을 요약·발췌한 것이다. 각 문단별로 괄호 안에 원전의 해당 쪽수를 표기했다. 다른 문헌을 참고한 경우에도 괄호 안에 함께 밝혔다. 좀 더 자세한 내용을 알고 싶다면 김욱동의 책을 읽어보기를 권한다. 부록 2는 2010년 서강대학교 정외과 박사 과정에 재학 중이던 김현아가 작성했다.

면서 비밀리에 독립군과 접촉하는 등 정치 문제에 적극적이었다. 어머니 이옥현은 북에서 유명한 예술가 집안 출신으로, 김은국의 외삼촌들은 모두 예술가로 활동했다. 다만 김은국의 외조부 이학봉은 예술가가 아닌 장로교 목사였다. 그는 공산주의에 저항하다가 북한 정권에 의해 총살당했다. 김은국은 친가 쪽의 실천적이고 민족주의적인 기질과 외가 쪽의 예술적이고 초월적인 기질을 모두 물려받았으며, 이 두 기질은 그가 문학가로 성장하는 데 밑거름이 되었을 뿐만 아니라 이후 그의 작품 세계에도 큰 영향을 미쳤다(6 · 9~10 · 12~20쪽).

중산층 기독교 집안에서 자란 김은국은 비교적 유복한 어린 시절을 보냈다. 아주 어릴 때 만주 젠다오間島의 룽징龍井으로 이주했으나, 여섯 살 때부터 유년기의 대부분을 아버지의 고향인 황해도 황주에서 보냈다. 1944년에 한강 이북의 명문인 평양고등보통학교에 입학했으나, 1945년 8월에 학교를 중퇴하고 고향으로 돌아와 황주에서 가족과 함께 해방을 맞이했다. 그리고 1947년 38선 이북에 공산주의 정권이 들어서자, 지주 집안이자 독실한 기독교 신자 집안의 사람들인 김은국의 가족은 남으로 내려왔다. 이후 그의 가족은 목포에 정착했으며, 김은국도 목포고등학교(구 목포중학교)에서 학업을 이어갔다(6~8 · 21 · 34 · 37 · 42~46 · 55 · 360쪽).

1950년 김은국은 목포고등학교를 졸업하고 서울대 상과대학 경제학과에 입학했다. 그러나 대학에 입학한 지 석 달 만에 6·25전쟁이 일어나 다시 학업을 중단하게 된 그는 유엔군이 인천에 상류한 후 한국군에 자원입대해 4년간 연락장교, 통역장교, 정보장교 등으로 복무했다. 그리고 전역한 다음 해인 1955년, 상관이었던 아서 G. 트루도 소장과 뉴욕대학교 샬롯 D. 마이네크 교수의 도움으로 미국으로 건너갔다(56~61·64쪽).

미국에서 김은국은 '리처드 E. 김'이라는 미국 이름을 썼고, 1959년까지 버몬트 주의 미들베리 대학에서 역사학과 정치학을 공부했다. 그러나 필수 과목인 과학에서 학점을 얻지 못해 학사 학위를 취득하지는 못했다. 이후 그는 학사 학위 없이도 진학 가능한 존스홉킨스대 창작과에 입학했고, 1960년 문학석사 학위를 받았다. 그리고 같은 해에 덴마크·독일계 미국인인 페닐로프 앤 그롤과 결혼해 1남 1녀를 두었다(67~68·361쪽).

김은국은 1962년에 다시 아이오와대 '작가 워크숍' 프로그램에 입학해 창작석사 학위를 받았다. 그리고 이때 본격적으로 소설을 쓰기 시작했다. 그의 대표작인 《순교자》도 아이오와대 창작 프로그램에서 석사 학위 청구 작품으로 제출했던 원고를 나중에 고쳐 쓴 것이다. 이후 김은국은 하버드대 '극동 언어 및 문학과'에도 입학해 1963년에 세 번째 석사 학위를 받았다. 그리고 대학에서 창작과 문학을 강의하기 시작했다. 그는 1963년부터 롱비치 주립대 영문학과에서 강의했으며, 작가로서 명성을 얻은 1964년에는 매사추세츠 대학 영문학과 조교수가 되었다(69~70·72~73·83쪽).

김은국이 대학을 옮겨 다니며 석사 학위를 세 개나 받은 것은 미국에서 삶의 터전을 마련하기 위해서였다. 처음 미국에 갔을 때 김은국은 한국으로 다시 돌아올 생각이었고, 귀국 후 직업 군인으로 일할 생각을 갖고 있었다. 그는 군대에 매우 크게 매력을 느꼈고, 후일 한국을 방문할 때마다 최전방 지역을 즐겨 찾아갈 정도로 군에 대해 애착을 갖고 있었다. 그러나 1961년에 5·16 군사정변으로 한국에 군사 독재 정권이 들어서자 김은국은 마음을 바꾸어 미국에 남기로 했다(62~63·85쪽 ; 김욱동 2005, 326쪽).

김은국이 첫 장편 소설《순교자》를 출간한 것은 1964년 2월이다. 그는 미국 문단에서 한국계 미국 작가로서 데뷔한 것인데, 이 작품으로 상업적 성공을 거두었을 뿐만 아니라 비평가들로부터 큰 주목을 받았다.《순교자》는 미국 전역에서 20주 연속 베스트셀러 자리를 지켰고, 10여 개 언어로 번역되어 세계적으로 읽혔다. 한편 비평가들은 김은국을 표도르 도스토옙키, 알베르 카뮈 등에 견주었다.《순교자》는 1965년도 '내셔널 북 어워드'의 최종 심사에까지 올랐고, 김은국은 한국 작가 혹은 한국계 미국 작가로서는 최초로 노벨문학상 후보가 되는 영예를 누렸다. 또한 그는 존 사이먼 구겐하임 재단으로부터 창작 기금도 받았다(4~5·75~77·160쪽 ; 김욱동 2005, 317~318쪽).

그러나 한국에서는《순교자》에 대한 반응이 호의적이지만은 않았다. 일부 언론은《순교자》에 그려진 한국 교회의 이미지가 긍정적이지 않다는 이유로 김은국을 배신자, 배교자, 심지어 '사탄'으로까지 몰아붙였으며, 특히 보수 기독교 교단의 반응은 극히 부정적이었다. 그럼에도 불구하고《순교자》는 한국에서 큰 반향을 불러일으켰다. 1964년 국립극단은 연극 〈순교자〉를 무대에 올렸고, 1965년에는 유현목 감독이 이 소설을 영화화했다. 1970년에는 미국 작곡가 제임스 웨이드가 만든 오페라 〈순교자〉가 한국에서 공연되기도 했다(78·82~83쪽).

《순교자》로 세계적인 명성을 얻은 김은국이 한국을 방문한 것은 1964년 7월로, 고국을 떠난 지 10년 만이었다. 금의환향한 그는 언론의 스포트라이트를 받았다. 이때부터 김은국은 기회 있을 때마다 한국을 찾았다. 그리고 이듬해 6월, 그는 한국에서의 경험을 바탕으로 한 〈오 나의 한국!〉이라는 르포 기사를 미국의 종합월간지 《애틀랜틱 먼슬리 *Atlantic Monthly*》에 기고했다. 이 글이 발표되자마자 한국의 신문과 잡지는 이를 발췌해 소개하거나 전문을 번역해 실었다. 그러나 이 글에 담긴 박정희와 5·16 군사정변 관련 내용 때문에 김은국은 보수주의자라는 비판을 받게 되었다(88~92·361쪽).

김은국은 1967년 매사추세츠 대학 영문학과 부교수직에서 사직하고 집필에 전념했고, 1년 후 두 번째 장편 소설《심판자》를 발표했다. 그러나 이 소설은 미국과 한국에서 별다른 주목을 끌지 못했다. 심지어 성공한 첫 번째 작품으로 얻은 명성이 훼손될 정도였다. 비평가들은 《심판자》가 문학성이나 오락성에서 모두 실패했다고 혹평했다. 군 문제를 다룬 이 작품이 관심을 얻지 못한 데는 1960년대 말 미국의 반전反戰 분위기도 한몫했다. 또한 한국 독자들은 이 작품이 5·16 군사정변을 정당화하기 위한 것이 아니냐는 의혹의 눈길을 보냈다. 김은국 자신이《심판자》는 5·16 군사정변을 그린 것이 아니라 보편적인 인간의 문제를 다루었다고 아무리 주장해도 사정은 크게 달라지지 않았다(92·295쪽 ; 김욱동 2005, 328쪽).

1970년 김은국은 세 번째 작품인《잃어버린 이름》을 출간해《심판자》로 잃었던 작가로서의 명성을 되찾을 수 있었다. 언론에서도 다시 주목받은 그는 미국 라디오 방송에 출연하기도 했다.《잃어버린 이름》은 미국에서 다문화주의에 대한 관심이 높아진 1990년대 말엽부터 소수 민족 문학의 텍스트로서 대학교는 물론 중·고등학교에서도 널리 읽혔다(92~93·295·302쪽).

1967년에 대학 교수직을 그만둔 김은국은 1977년 시러큐스 대학과 샌디에이고 주립대학에서 초빙교수 자격으로 강의한 것을 끝으로 미국의 대학 강단을 완전히 떠났다. 그러나 1981년 풀브라이트 재단으로부터 연구비를 받게 됨에 따라, 교환교수 자격으로 한국에서 다시 학생들을 가르치기 시작했다. 그는 서울대 영문학과에서 2년간 영국 문학과 미국 문학을 강의했다(98·362쪽).

교환교수로 한국에 머무는 동안 김은국은 여러 신문에 기고했다. 그리고 1981년부터 4년간 영자 신문《코리아 헤럴드》와《조선일보》에 칼럼을 썼다. 이 칼럼에서 그는 어린 시절의 추억부터 해방기의 경험, 6·25전쟁, 음악, 한미 관계 등 다양한 주제를 다루었다. 그리고 1985년에는 이 글들을 한데 묶어《잃어버린 시간을 찾아서》라는 책으로 출간했다(99·363쪽).

1980년대에 들어와서는 김은국은 픽션보다는 번역과 논픽션에 관심을 기울였다. 그래서 1983년《파랑새 이야기》라는 창작 동화를 발표한 것 외에는 주로 번역에 매진해, 여섯 권의 영문 도서를 번역했다. 이 중에는 어니스트 헤밍웨이의《에덴동산》(1986)과 솔 벨로의《죽음보다 더한 실연》(1987) 같은 소설도 있고, 과학사 혹은 문화인류사로 분류될 수 있는 제이컵 브로노스키의《인간 등정의 발자취》(1985)도 있다. 이에 앞서 김은국은 한국 문학 작품을 영어로 옮기는 일도 했는데, 그중 하나가 이범선의 〈오발탄〉이었다. 〈오발탄〉 번역으로 김은국은 1974년도 '현대한국문학 번역상'을 받았다(118·100~103쪽).

한편 김은국은 1981년부터 1989년까지 KBS 텔레비전의 다큐멘터리 원고를 집필하며 리포터와 내레이터로도 활약했다. 그가 관여한 다큐멘터리는 한국의 기독교, 6·25전쟁, 일본·중국·러시아에 거주하는 한인 동포, 만주·시베리아 대륙 횡단 철도 등 주제가 무척 다양했다. 특히 5부작 다큐멘터리인 〈시베리아 횡단 철도〉를 위해 그는 1989년 4월부터 한 달 이상 소련에 머물면서 리포터로 활약했다. 그리고 이 시기에 소련과 중국을 방문하면서 찍어둔 사진에 감상을 곁들여,《소련과 중국, 그리고 잃어버린 동족들》(1989)이라는 에세이집을 출간하기도 했다(103~104쪽).

이 무렵 김은국은 국제 저작권 문제에도 깊은 관심을 가졌으며, 한국이 국제저작권협정UCC에 가입하는 데 적극적인 역할을 했다. 그리고 1985년에는 자신이 살고 있던 미국 매사추세츠 주 슈츠베리와 서울에 각각 저작권 대행 기관인 '트랜스-리터러리' 에이전 시를 설립해 대표로 일하기도 했다. 트랜스-리터러리는 1990년 문을 닫을 때까지 국제 저작물의 한국어 번역권을 거의 독점하다 시피 할 정도로 사업을 활발하게 했다(111~112 · 114~116쪽).

1980년대 말엽과 1990년대 초엽, 김은국은 자신이 직접 광고 문 구를 만든 광고에 출연해 한국 독자들에게 새로운 이미지를 심어 주기도 했다. "가슴이 따뜻한 사람, 그 깊은 인생을 듣는다", "가슴 이 따뜻한 사람과 만나고 싶다"라는 광고 문구를 사용한 동서식품 광고에 모델로 등장한 것이다. 이 광고는 대중에게 좋은 평가를 받 았다. 특히 그가 만든 광고 문구는 이후 '불멸의 카피'라 칭해질 정 도로 화제가 되었다(138~139쪽).

김은국은 1990년 문화예술 창달에 기여한 공로로 대한민국 정 부로부터 옥관문화훈장을 받았다. 그러나 1990년대부터 간혹 공 적인 모임에 나타나는 것 외에는 활동을 중단하고 은둔 생활을 시 작했고, 그러면서 점차 세상 사람들의 뇌리에서 잊히게 되었다. 그의 책을 낸 출판사들이나 에이전트조차 그의 행방을 알 수 없을 정도였다. 2005년에야 비로소 그가 매사추세츠 주 슈츠베리에서 암으로 투병하고 있다는 사실이 알려졌다. 그는 병마와 싸우면서 도 1970년대 초부터 구상해온 네 번째 작품《잃어버린 넋Lost souls》 을 집필하고 있었다. 그러나 그는 이 작품을 완성하지 못한 채 2009년 6월 23일, 슈츠베리의 자택에서 77세의 나이로 세상을 떠 났다(142~144 · 148~149 · 363쪽 ; 김욱동 2005, 321~322쪽).

2.《순교자》(1964)

김은국의 첫 소설인《순교자》는 6·25전쟁을 배경으로 한 작품이다. 김은국은 국군 장교로서 6·25전쟁에 참가했던 자신의 경험과 북에서 활동하다 공산주의자들에 의해 처형당한 외조부 이학봉 목사 및 그의 동료들과 관련된 실제 사건을 토대로《순교자》를 썼다(167·169·176쪽).

《순교자》의 줄거리는 6·25전쟁이 일어나기 바로 일주일 전, 공산 정권의 비밀경찰이 '반동' 혐의로 북한의 기독교 목사 열네 명을 체포해 그 가운데 열두 명을 처형한 사건을 중심으로 짜여 있다. 사건의 진상이 밝혀지지 않은 상황에서, 처형당한 열두 명의 목사는 순교자로 간주되고 정신착란을 일으켜 살아남은 한 목사는 면죄부를 받지만, 나머지 생존자인 신 목사는 배반자로 몰린다. 그러나 남한군에 체포된 인민군 장교 정 소좌는 열두 명의 목사 중 몇 명은 고문과 죽음에의 공포를 못 이겨 동료 목사를 배반했을 뿐만 아니라, 심지어 하나님까지 비난하면서 "개처럼" 죽어갔다고 폭로한다. 북한군 장교 앞에서 용기 있게 저항한 것은 열두 명의 목사가 아니라 신 목사였다.《순교자》는 이러한 진상을 공개할지 말지를 둘러싸고, 소설의 화자이자 이 사건의 수사를 담당한 인물인 이 대위와 서로 입장을 달리하는 여러 등장인물들 간의 갈등과 그들의 고민을 그린다(179~182쪽).

《순교자》는 6·25전쟁과 기독교를 소재로 하여 인간의 실존이라는 보편적인 문제에 초점을 맞춘 작품이다. 또한 외양과 실재의 간극, 인간 삶에서의 환상의 중요성 등 다양한 주제를 다룬다.《순교자》를 통해 드러나는 김은국의 사상은 한마디로 '실존주의적 휴머니즘'이라 할 수 있다. 그의 주인공들은 신이 없는 세계에서 절망하지 않고 인간을 신뢰하며 용기 있게 살아가는 법을 배우고자 하기 때문이다(175·178·190쪽).

3.《심판자》(1968)

김은국의 두 번째 소설인《심판자》는《순교자》의 후속편이라 할 수 있다.《순교자》가 끝나는 지점에서 이야기가 시작되고,《순교자》의 화자였던 이 대위가 소령으로 진급해 줄거리를 이끌어가기 때문이다. 또한 이 소령 외에도《순교자》의 여러 인물들이《심판자》에 다시 등장한다(231~232·234쪽).

《순교자》가 주로 평양을 배경으로 하여 6·25전쟁을 다루었다면,《심판자》는 남한을 무대로 하여 군사 쿠데타를 다룬다. 이는 1961년에 실제로 남한에서 일어난 5·16 군사정변에서 착안한 것이라 할 수 있다(235·242쪽).

《심판자》의 이야기는 부패한 고위 장성들 및 정부 관료들과 이에 맞서 쿠데타를 모의하는 세력 간의 대립을 중심으로 전개된다. 쿠데타 세력을 이끄는 이는 민 대령이며, 주인공인 이 소령은 브레인 역할을 담당한다. 그러나 현실주의자인 민 대령과 이상주의자인 이 소령은 쿠데타 과정에서 번번이 갈등을 빚는다. 한편 쿠데타 세력에 적대적인 마 소장, 함 중장, 안 준장 등은 자신의 이익을 위해 악행을 서슴지 않는 악의 화신들이다. 쿠데타 세력은 이들과의 협상과 대결의 과정을 통해 쿠데타를 성공으로 이끈다. 그러나 무혈 혁명을 꿈꾸었던 이 소령의 계획과 달리 쿠데타는 많은 사상자를 내고, 결국 쿠데타의 주모자인 민 대령도 살해당하고 만다(233 ~234·253~254·267~269·275·277·279쪽).

《심판자》의 가장 두드러진 특징은 주제나 내용 면에서 이항 대립적인 갈등이 많이 등장한다는 것이다. 선과 악, 목적과 수단, 이론과 실천, 이상주의와 현실주의의 갈등 등 서로 이질적인 개념이나 관념 또는 사상이 극단적으로 대립하고 있기 때문이다. 그래서 《심판자》는 작중 인물들이 선이나 악의 화신으로 지나치게 전형화되었다는 비판을 받기도 했다(252·261·282~283쪽).

4.《잃어버린 이름》(1970)

김은국의 세 번째 작품이자 마지막 장편 소설인 《잃어버린 이름》은 그의 작품들 중 자전적 성격이 가장 강하다. 《잃어버린 이름》에는 김은국의 유년기부터 사춘기까지의 삶이 깊이 각인되어 있다(318쪽). 이 작품의 시간적 배경은 창씨개명을 전후한 일제강점기이다. 주인공이자 일인칭 화자인 '나'와 화자의 가족들이 이 시기를 거치며 겪는 일련의 사건들이 소설을 이루고 있다(322~323·327쪽).

《잃어버린 이름》은 시간의 흐름에 따라 총 일곱 개의 에피소드로 구성된다. 각 에피소드의 내용을 구체적으로 살펴보면, 첫 번째 에피소드인 〈강을 건너서〉에서는 독립운동가인 화자의 아버지가 눈보라가 휘몰아치는 겨울에 고향을 등지고 두만강을 건너 만주로 이주하는 과정이 그려진다. 두 번째 〈귀향〉은 화자가 일곱 살 되던 해에 부모를 따라 다시 고향으로 돌아와 소학교에 다니면서 겪은 일들을 다룬다. 가장 목가적인 에피소드라 할 수 있는 세 번째 〈옛날 옛적, 어느 일요일에〉에서는 화자가 읍내에 살고 있는 할아버지, 할머니를 방문한 뒤 밤에 시골 과수원으로 돌아오는 장면이 시적인 이미지와 언어로 그려진다. 그리고 이 작품의 제목과 동명인 네 번째 에피소드 〈잃어버린 이름〉은 창씨개명을 둘러싼 사건을 이야기한다. 다섯 번째 〈제국과 고무공〉에서는 태평양 전쟁 막바지에 이르러 일제가 학생들에게 나누어 주었던 고무공을 회수한 사건이 언급된다. 여섯 번째 〈누가 죽어가고 있는가?〉에서는 태평양 전쟁 중 고등학생인 화자가 평양 남쪽에 비행장을 건설하는 데 동원된 이야기가 그려진다. 그리고 마지막 에피소드인 〈함께 역사를 만들며〉는 해방 직후의 어수선한 정국에서 화자가 겪은 다양한 경험들을 다룬다(김욱동 2007b, 42쪽).

《잃어버린 이름》은 주인공이 갖은 시련과 고통을 겪으며 영혼의 눈을 떠가는 데 초점을 맞추고 있다. 정신적 성장은 이 소설의 주요 테마이다. 화자는 일련의 사건들을 겪으며 가족 공동체의 중요성, 나아가 인간에 대한 연민과 보편적 인류애를 깨달아 가는 것이다. 또한 이 소설은 영혼의 해방이라는 문제도 함께 다룬다. 《잃어버린 이름》에서 일본 제국주의는 인간 영혼의 속박을 상징한다. 결국 이 작품은 우리나라가 일본의 억압과 속박에서 벗어나 자유를 되찾는 과정을 영혼의 해방과 연결시켜 보여준다 (332·337·340·342·349쪽).

참고문헌

가지노부유끼,《유교란 무엇인가》, 김태준 옮김(지영사, 1996)

강정인,《자유민주주의의 이념적 초상》(문학과지성사, 1993)

──,《소크라테스, 악법도 법인가?》(문학과지성사, 1994)

──,《민주주의의 이해》(문학과지성사, 1997)

──,《서구중심주의를 넘어서》(아카넷, 2004)

──,《한국 현대 정치사상과 박정희》(아카넷, 2014).

91년 5월투쟁 청년모임,《그러나 지난밤 꿈속에서 이 친구들이 나에 대하여 이야
기하는 소리가 들려왔다》(이후, 2002)

김기설,〈유서〉(1991)

김동춘,〈해방 60년, 지연된 정의와 한국의 과거청산〉,《시민과 세계》제8호(참여
연대 참여사회연구소, 2006), 203~224쪽

──,〈진실화해위원회 활동을 돌아보며〉,《황해문화》72호(2011년 가을),
215~238쪽

김별아,《개화 체험》(실천문학사, 1999).

김세진 · 이재호 기념사업회 엮음,《아름다운 청년 김세진 · 이재호》(한울, 2007)

김순정,〈시론 : 이 땅의 자식들아 살아서 싸우거라〉,《한겨레》1991년 5월 2일, 1면

김영수,〈한국 과거사정리와 국가의 전략〉,《역사연구》21호(역사학연구소, 2011),
141~167쪽

김욱동,〈'순교자' 작가 김은국의 행적을 찾아서〉,《신동아》(2005년 3월), 316~
330쪽

──,《김은국 : 그의 삶과 문학》(서울대학교출판부, 2007a)

──,〈김은국 소설에 나타난 자서전적 요소〉,《새한영어영문학》49권 1호(새한

영어영문학회, 2007b), 31~50쪽

김원, 〈80년대와 90년대의 결절점〉, 91년 5월투쟁 청년모임, 《그러나 지난밤 꿈속에서 이 친구들이 나에 대하여 이야기하는 소리가 들려왔다》(이후, 2002), 126~154쪽

김윤철, 〈91년 5월, 그 열려진 '역사적 의미 짓기'의 장으로 들어서기〉, 91년 5월투쟁 청년모임, 《그러나 지난밤 꿈속에서 이 친구들이 나에 대하여 이야기하는 소리가 들려왔다》(이후, 2002), 104~119쪽

김은국, 《순교자》, 도정일 옮김(문학동네, 2010)

김재일, 〈달걀에 깨진 '큰 바위 얼굴'〉, 《시사저널》(1991년 6월 20일), 18~20쪽

김정한, 〈91년 5월투쟁 연구 : 대중과 폭력〉(서강대 대학원 정치외교학과 석사 논문, 1997)

——, 〈권력은 주체를 슬프게 한다 : 91년 5월투쟁 읽기〉, 91년 5월투쟁 청년모임, 《그러나 지난밤 꿈속에서 이 친구들이 나에 대하여 이야기하는 소리가 들려왔다》(이후, 2002), 42~74쪽

——, 〈대중운동과 민주화 : 91년 5월투쟁과 68년 5월 혁명〉, 전재호·김원·김정한, 《91년 5월투쟁과 한국의 민주주의》(민주화운동기념사업회, 2004), 159~202쪽

김종찬, 〈80년대의 분·투신자살자들〉, 《신동아》(1987년 11월), 384~403쪽

김종철, 〈언론이여, 스스로 재갈을 물어라〉, 《월간 말》(1991년 7월), 26~27쪽

김지하, 〈젊은 벗들! 역사에서 무엇을 배우는가—죽음의 굿판 당장 걷어치워라〉, 《조선일보》1991년 5월 5일, 3면

〈대학의 창〉, 《사회평론》(1991년 6월), 304~313쪽

《동아일보》1991년 2월 27일, 1991년 3월 1일, 1991년 3월 6일, 1995년 5월 13일

르페브르, 앙리, 《현대세계의 일상성》, 박정자 옮김(세계일보사, 1990)

마키아벨리, 니콜로, 《로마사 논고》, 강정인·안선재 옮김(한길사, 2003)

——, 《군주론》, 강정인·김경희 옮김(까치, 2008)

박노해,《노동의 새벽》(해냄, 1997)

박승희,〈유서〉(1991)

박용현·김규원,〈더 이상 진실을 감옥에 가둘 수 없다〉,《한겨레 21》(1998년 3월 19일), 14~21쪽

〈벗이여, 새날이 온다〉,《월간 말》(1991년 6월), 137~165쪽

〈'분신배후' 수사―옥상에 2~3명 있었다〉,《경향신문》1991년 5월 9일

사마천,《사기 1 : 사기본기》, 정범진 외 옮김(까치, 1994)

성백효 역주,《書經集傳 上》(전통문화연구회, 1998)

성염·김석수·문명숙,《인간이라는 심연》(철학과현실사, 1998)

〈안중근 의사 어머니의 편지〉, http://blog.naver.com/iamyou2014/220174416747 (2017년 1월 24일 검색)

양영미,〈기억5 : 91년 5월, 독일에서〉, 91년 5월투쟁 청년모임,《그러나 지난밤 꿈속에서 이 친구들이 나에 대하여 이야기하는 소리가 들려왔다》(이후, 2002), 219~221쪽

월린, 셀던,《정치와 비전 1》, 강정인·공진성·이지윤 옮김(후마니타스, 2007)

──── ,《정치와 비전 2》, 강정인·이지윤 옮김(후마니타스, 2009)

이만열 엮음,《박은식》(한길사, 1980)

이영재,〈다층적 이행기 정의의 포괄적 청산과 화해 실험―진실화해위원회의 진실·화해 모델을 중심으로〉,《정신문화연구》제38권 4호(2015년 겨울), 121~152쪽

이유경,〈'6·3 외대사건'에 대한 언론의 '상징폭력화' 과정〉, 91년 5월투쟁 청년모임,《그러나 지난밤 꿈속에서 이 친구들이 나에 대하여 이야기하는 소리가 들려왔다》(이후, 2002), 78~100쪽

일연,《三國遺事》, 김봉두 편역(교문사, 1993)

전재호,〈한국 민주주의와 91년 5월투쟁의 의미〉, 전재호·김원·김정한,《91년 5월투쟁과 한국의 민주주의》(민주화운동기념사업회, 2004), 15~72쪽

전재호 · 김원 · 김정한, 《91년 5월투쟁과 한국의 민주주의》(민주화운동기념사업
　　회, 2004)

전태일기념관건립위원회 엮음, 《어느 청년 노동자의 삶과 죽음》(돌베개, 1983)

정약용, 《丁若鏞》, 이익성 편역(한길사, 1992)

조영래 변호사 추모를 위한 모임, 《진실을 영원히 감옥에 가두어둘 수는 없습니다》
　　(창작과비평사, 1991)

조현연, 〈1980년대 이후 한국사회와 죽음의 정치〉, 이병천 · 이광일 엮음, 《20세기
　　한국의 야만》(일빛, 2001), 297~340쪽

───, 〈한국의 국가폭력과 '잊혀진' 91년 5월투쟁〉, 91년 5월투쟁 청년모임, 《그
　　러나 지난밤 꿈속에서 이 친구들이 나에 대하여 이야기하는 소리가 들려왔
　　다》(이후, 2002), 14~41쪽

조혜정, 〈안중근, 어머니께 받은 편지 '대의를 위해 죽으라' 사실일까?〉, 《뉴스타
　　운》(2016년 3월 27일). http://www.newstown.co.kr/news/articleView.
　　html?idxno=244839(2017년 1월 24일 검색)

〈죽음 선동하는 세력 있다〉, 《조선일보》 1991년 5월 9일

《중앙일보》 1995년 5월 13일

천세용, 〈유서〉(1991)

천호영, 〈한국판 드레퓌스 사건, 유서공방의 진실〉, 《월간 말》(1991년 7월), 128~
　　131쪽

최수묵, 〈분신, 투신, '얼룩진 5월'……그 후 1년 : 유족들 '기구한 삶'〉, 《동아일보》
　　1992년 5월 23일, 17~18면

최정운, 《5월의 사회과학》(풀빛, 1999)

플라톤, 《소크라테스의 최후》, 박종현 옮김(박영사, 1974)

───, 《국가 · 政體》, 박종현 옮김(서광사, 2005)

하승우, 〈알리바이, 죽음, 공간의 복원〉, 91년 5월투쟁 청년모임, 《그러나 지난밤
　　꿈속에서 이 친구들이 나에 대하여 이야기하는 소리가 들려왔다》(이후,

2002), 176~192쪽.

《한겨레》 1991년 2월 28일, 1991년 3월 1일, 1991년 3월 2일, 1991년 3월 3일,
    1991년 3월 6일, 1991년 5월 7일, 1991년 5월 10일, 1995년 5월 13일
《한국일보》 1995년 5월 13일
현승일, 〈그대들은 이제 민주화 말할 자격 없다 : 누구를 위한 반인륜 폭력인가〉,
    《조선일보》 1991년 6월 7일, 4면

Arendt, Hannah, *The Human Condition*(Garden City : Doubleday, 1958)
——, *On Revolution*(New York : Viking, 1965)
——, *Between Past and Future*(Harmondsworth : Penguin, 1977)
——, "Truth and Politics", *Between Past and Future*(Harmondsworth : Penguin,
    1977), 227~264쪽
Burke, Kenneth, *A Rhetoric of Motives*(Berkeley : University of California Press,
    1969)
Camus, Albert, *The Plague*, Stuart Gilbert (trans.)(New York : Vintage Books,
    1947)
——, *The Stranger*, Stuart Gilbert (trans.)(New York : Vintage Books, 1954)
——, *The Myth of Sisyphus and Other Essays*, Justine O'Brien (trans.)(New York :
    Vintage Books, 1955)
Edelman, Murray, *The Symbolic Uses of Politics*(Urbana and Chicago : University of
    Illinois Press, 1985)
Flacks, Dick, "Making History vs. Making Life", *Sociological Inquiry* 46(3-4)
    (1976), 263~280쪽
Greenberg(1965), N. A., "Socrates' Choice in the Crito", *Harvard Studies in Classi-
    cal Philology* 70:1, 45~82쪽
Hobbes, Thomas, *Leviathan*, Michael Oakeshott (ed.)(New York : Macmillan,

1962)

Killilea, Alfred G., The Politics of Being Mortal(Lexington, Kentucky : The University Press of Kentucky, 1988)

Kim, Richard E., *The Martyred*(New York : George Braziller, 1964)

Machiavelli, Niccolò, *The Prince*, George Bull (trans.)(Hamondsworth, UK : Penguin, 1981)

Pitkin, Hanna F., *Wittgenstein and Justice*(Berkeley : University of California Press, 1972)

————, "Justice : On Relating Private and Public", *Political Theory* 9(1981. 8.), 327~351쪽

Saxonhouse, Arlene W., "The Philosopher and the Female in the Political Thought of Plato", *Political Theory* 4:2(1976. 5.), 195~212쪽

Schaar, John, *Legitimacy in the Modern State*(New Brunswick : Transaction Books, 1981)

Truth and Reconciliation Commission of South Africa, *Truth and Reconciliation Commission Report*, Vol. 1(London : Macmillan, 1988)

Weber, Max, "Politics as a Vocation", H. H. Gerth · C. Wright Mills (eds.), *From Max Weber*(New York : Oxford University Press, 1958), 77~128쪽

Wolin, Sheldon S., "Violence and the Western Political Tradition", *American Journal of Orthopsychiatry* 33(1963. 1.), 15~28쪽

죽음은 어떻게 정치가 되는가

펴낸날　초판 1쇄　2017년 6월 15일

지은이　강정인
펴낸이　김현태

펴낸곳　책세상
주소　서울시 종로구 경희궁길 33 내자빌딩 3층(우편번호 03176)
전화　02-704-1251(영업부), 02-3273-1333(편집부)
팩스　02-719-1258
이메일　bkworld11@gmail.com
홈페이지　chaeksesang.com
등록　1975. 5. 21. 제1-517호

ISBN　979-11-5931-125-3　93340

* 잘못되거나 파손된 책은 구입하신 서점에서 교환해드립니다.
* 책값은 뒤표지에 있습니다.

이 도서의 국립중앙도서관 출판시도서목록(CIP)은 서지정보유통지원시스템 홈페이지
(http://seoji.nl.go.kr)와 국가자료공동목록시스템(http://www.nl.go.kr/kolisnet)에서
이용하실 수 있습니다.(CIP제어번호 : CIP2017013760)